KB178763

_____ 학교 ____ 학년___반 _____ 의 책이에요.

전 세계가 인정한 우리의
세계유산

세계유산이란, '세계유산협약'에 따라 인류 전체를 위해 보호해야 할 가치가 있다고 인정되는 세계 여러 나라의 유산 가운데 유네스코에 등록된 유산을 말해요.

최근 전 세계적으로 자연재해나 전쟁 등으로 파괴될 위기에 처한 인류의 유산이 늘어나고 있어요. 이를 미리 방지하고 보호하고자 1978년부터 유네스코의 세계유산위원회에서는 보호해야 할 가치가 있는 유산들을 세계유산으로 지정하고 있답니다.

인류 전체를 위해 보편적인 가치가 있다고 인정하는 유산을 중심으로 지정하다 보니, 각 나라의 문화와 역사를 대표하는 유산인 경우가 많아요. 따라서 각 나라의 세계유산을 알아보는 일은 곧 그 나라의 고유한 문화를 알 수 있는 지름길이지요.

우리나라는 현재 석굴암과 불국사, 해인사 장경판전, 종묘, 창덕궁, 수원 화성, 경주역사유적지구, 고창화순강화 고인돌유적, 제주 화산섬과 용암동굴, 조선왕릉, 한국의 역사마을 : 하회와 양동, 남한산성, 백제역사유적지구와 산사 한국의 산지승원, 한국의 서원이 등재되어 있답니다. 그리고 세계기록유산으로는 훈민정음, 조선왕조실록, 직지심체요절, 승정원일기, 조선왕조의 의궤, 해인사 고려대장경판 및 제경판, 동의보감, 일성록, 5.18민주화운동 기록물, 난중일기, 새마을운동 기록물, 한국의 유교책판, KBS특별생방송 '이산가족을 찾습니다' 기록물, 조선왕실 어보와 어책, 국채보상운동 기록물, 조선통신사 기록물이 등재되었어요.

또한 인류무형문화유산으로는 종묘제례 및 종묘제례악, 판소리, 강릉단오제, 강강술래, 남사당놀이, 영산재, 제주칠머리당 영등굿, 처용무, 가곡, 대목장, 매사냥, 줄타기, 택견, 한산모시짜기, 아리랑, 김장문화, 농악, 줄다리기, 제주해녀문화가 있답니다.

이 책에서는 우리나라의 세계유산 중 하나인 '종묘'에 대해 알아볼 거예요.

세계문화유산

종묘

수원화성

창덕궁

고창·화순·강화의 고인돌유적

석굴암과 불국사

해인사 장경판전

경주역사유적지구

백제역사유적지구

세계기록유산

조선왕조실록

승정원일기

직지심체요절

훈민정음

조선왕조 의궤

해인사 고려대장경판과 제경판

동의보감

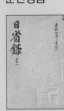
일성록

세계무형유산

종묘제례와 제례악

판소리

강릉단오제

세계자연유산

제주도 화산섬과 용암동굴

신나는 교과 체험학습 33

조선 500년 왕과 왕비의 넋이 깃들어 있는 사당 **종묘**

초판 1쇄 발행 | 2008. 1. 15.
개정 3판 4쇄 발행 | 2023. 11. 10.

글 허균 | 그림 배종숙

발행처 김영사 | **발행인** 고세규
등록번호 제 406-2003-036호 | **등록일자** 1979. 5. 17.
주소 경기도 파주시 문발로 197(우·10881)
전화 마케팅부 031-955-3100 | 편집부 031-955-3113~20 | 팩스 031-955-3111

© 허균, 2008
이 책의 저작권은 저자에게 있습니다. 저자와 출판사의 허락 없이 내용의 일부를 인용하거나
발췌하는 것을 금합니다.

값은 표지에 있습니다.
ISBN 978-89-349-9647-7 64000
ISBN 978-89-349-8306-4 (세트)

좋은 독자가 좋은 책을 만듭니다. 김영사는 독자 여러분의 의견에 항상 귀 기울이고 있습니다.
전자우편 book@gimmyoung.com | 홈페이지 www.gimmyoungjr.com

어린이제품 안전특별법에 의한 표시사항

제품명 도서 제조년월일 2023년 11월 10일 제조사명 김영사 주소 10881 경기도 파주시 문발로 197
전화번호 031-955-3100 제조국명 대한민국 ⚠주의 책 모서리에 찍히거나 책장에 베이지 않게 조심하세요.

조선 500년 왕과 왕비의 넋이 깃들어 있는 사당

종묘

글 허균 그림 배종숙

주니어김영사

차례

종묘에 가기 전에

미리 준비하세요

1. 준비물 사진기, 필기도구, 마실 물, 《종묘》책, 지하철 노선도

2. 옷차림 종묘는 야외에 있는 체험학습 장소이니, 날씨에 맞게 옷을 챙겨 입어요. 가볍고 편한 옷차림이라면 더욱 좋겠지요.

미리 알아 두세요

관람일	매주 월, 수~일요일 (종묘는 매주 화요일에 쉰답니다.)	
관람 시간	2월~5월 / 9월~10월	오전 9시~오후 6시
	6월~8월	오전 9시~오후 6시 30분
	11월~1월	오전 9시~오후 5시 30분

매표 시간은 관람 시간 1시간 전까지예요.

관람료 만 25세~만 64세 1,000원

문의 (02) 765–0195

홈페이지 http://jm.cha.go.kr

주소 서울특별시 종로구 종로157

지하철 종로3가역에서 내려요. 1호선 11번 출구, 3호선과 5호선 8번 출구로 나오면 쉽게 종묘를 찾을 수 있어요.

기타 종묘에서는 친절한 답사 안내를 받을 수 있어요. 시간이 정해져 있으니, 종묘로 답사를 갈 때에는 홈페이지에서 꼭 확인해 보세요.

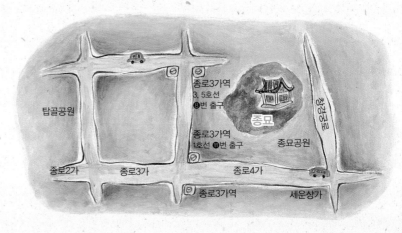

세계문화유산 종묘는요……

오늘 우리가 답사를 가는 종묘는 조선 시대의 유적지로, 유네스코 세계문화유산으로 등재되어 있어요. 현재 종묘의 건물은 임진왜란 이후에 세워진 것인데, 건축된 역사만 본다면 결코 오래된 유적은 아니지요. 그런데도 세계문화유산으로 등재될 수 있었던 것은 종묘에서 우리 민족만의 고유한 전통문화를 엿볼 수 있기 때문이랍니다.

그것은 바로 조상을 공경하는 마음인 효와 관련된 문화예요. 이런 문화는 아직까지도 종묘제례의 모습으로 전해지지요. 조상을 섬긴다는 면에서 종묘제례는 우리가 흔히 집에서 지내는 제사와 크게 다르지 않아요. 다른 점이 있다면 나라에서 치르는 가장 큰 제사였다는 것이지요.

이런 국가적인 제사를 지내던 곳이 바로 종묘예요. 그래서 종묘를 답사할 때에는 옛 건물의 아름다움을 감상하는 것보다는 각 건물이 가진 뜻과 종묘에서 실제로 어떤 일이 있었는지를 알아보는 것이 더 중요해요. 종묘를 돌아보며 조상에게 효를 다하려고 했던 우리 선조들의 마음을 함께 읽어 봐요.

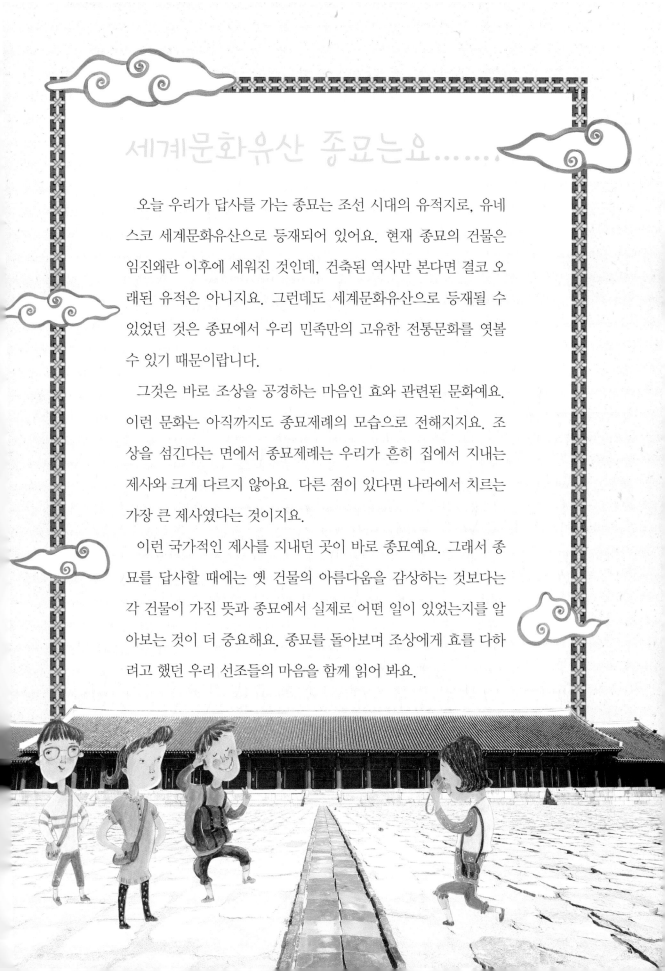

한눈에 보는 종묘

자, 종묘를 살펴볼까요? 다른 궁궐에 다녀온 친구들이라면 다른 궁궐과 종묘가 어떻게 다른지 한눈에 확인할 수 있을 거예요. 종묘는 야트막한 산에 둘러싸여 있고, 궁궐에 비해 건물의 수도 많지 않아요. 궁궐의 건물처럼 화려하게 장식되지도 않았고, 소박하고 간결하지요.

하지만 종묘 곳곳에는 조상을 향한 우리 선조들의 정성이 담겨 있어요. 그 뜻과 조상의 얼을 찾아 지금부터 출발해요.

창경궁 연결문

영녕전

영녕전 악공청

정전 악공청

종묘 답사를 모두 마치면
창경궁으로 갈까?
영녕전 뒤 숲길을
걸어 볼까?

이렇게
답사해요.

하마비 → 외대문 → 중지당 → 망묘루 → 공민왕 신당 → 향대청 → 재궁 (어숙실) → 전사청 → 정전 동문 → 정전 남문 → 정전 악공청 → 영녕전 동문 → 영녕전 → 영녕전 서문 → 영녕전 악공청 → 창경궁 또는 정전 뒤 숲길

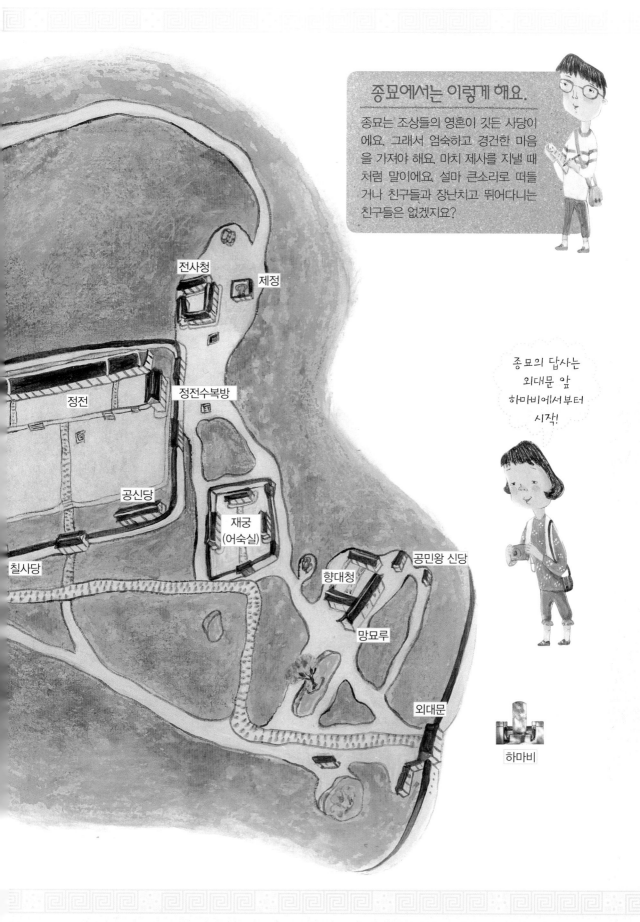

종묘에서는 이렇게 해요.

종묘는 조상들의 영혼이 깃든 사당이에요. 그래서 엄숙하고 경건한 마음을 가져야 해요. 마치 제사를 지낼 때처럼 말이에요. 설마 큰소리로 떠들거나 친구들과 장난치고 뛰어다니는 친구들은 없겠지요?

종묘의 답사는 외대문 앞 하마비에서부터 시작!

전사청

제정

정전

정전수복방

공신당

재궁 (어숙실)

칠사당

향대청

공민왕 신당

망묘루

외대문

하마비

조선의 얼을 찾아가는 길

여러분은 TV 사극에서 '종묘 사직'이라는 말을 들어 보았나요? 왕이 '종묘 사직이 위태롭구나.'라고 하거나 신하가 왕에게 '종묘 사직을 버리시렵니까?' 하는 말을 종종 듣지요. 이 말의 뜻은 무엇일까요?

종묘는 조선 시대 왕들의 신주를 모시고 나라의 번영을 비는 사당이고, 사직은 땅의 신인 사(社)와 곡식의 신인 직(稷)에게 풍년과 나라의 안녕을 비는 제단이랍니다. 옛 사람들은 종묘의 조상신과 사직의 사직신이 보살펴 주어야 나라가 융성해지고 백성들이 편히 살 수 있다고 믿었어요. 옛 사람들에게 종묘와 사직단은 나라를 지탱해 주는 두 개의 큰 기둥과 같은 것이었지요. 그래서 '종묘 사직이 위태롭다.'는 것은 나라의 기틀이 흔들린다는 뜻이고, '종묘 사직을 버린다.'는 것은 나라가 망하도록 내버려 둔다는 의미를 담고 있는 말이에요.

그러니 종묘를 돌아보는 일은 곧, 나라를 소중히 여기던 조상들의 얼과 정신을 찾아가는 것이지요. 자, 함께 종묘로 들어가 보아요.

종묘의 소박한 정문, 외대문

종묘란 무슨 뜻일까요?

종묘는 한자로 '宗廟'라고 써요. 종(宗)은 '宀(집 면)'과 '示(보일 시)'를 엮어 만든 글자예요. 이것은 '신(示)을 모신 집(宀)'이라는 의미를 가지고 있지요. 즉, 종은 조상의 신주를 모신 사당이라는 뜻이에요. 그리고 묘(廟)는 '广(엄)'과 '朝(조)'를 합해 만든 글자예요. '아침(朝)에 알현하기 위해 모이는 집(广)'이라는 뜻이랍니다. 이 글자들이 합쳐진 종묘란, 신의 뜻을 들어 모시는 사당이라 할 수 있지요.

자, 종묘 앞에 도착했나요? 그럼 이제 종묘를 하나하나 살피며 돌아보아요.

종묘에서 가장 먼저 만날 수 있는 것은 외대문 앞에 자리잡은 하마비예요. 하마비란, '모두 말에서 내려 존경의 예를 갖추라.'는 뜻으로 세운 푯돌이지요. 이곳에 도착하면 신분이 높은 사람이든 낮은 사람이든 모두 말과 가마에서 내려야 했어요. 종묘에는 조상들의 얼이 깃들어 있거든요.

하마비를 지나면 세 칸짜리 문이 보이지요? 이 문이 종묘의 정문이랍니다. 외대문이라고 부르기도 하고, 조선 시대에는 창엽문이라고도 했어요. 창엽이라는 말에는 조선 왕조가 번창하기를 바라는 뜻이 담겨 있어요. 외대문의 현판을 조선 건국 공신 중 한 사람인 정도전이 직접 썼다는데, 지금은 그 현판이 전해지지 않아요.

🌸 신주

돌아가신 분의 혼이 깃들었다고 여기는 나무패예요. 이름을 적어 놓았지요.

> 왕 역시 종묘에서는 한낱 후손에 불과하기 때문에 공경을 표시하는 마음으로 가마에서 내려야 했대.

하마비

한자로 '지차 대소인원 하마비'라고 새겨져 있어요. 하마비는 종묘뿐만 아니라 궁궐 정문 앞이나 서원, 왕이나 장군들의 무덤 앞에 존경심을 표시하기 위해 세워 놓기도 했어요.

외대문은 다른 궁궐들의 정문과 달리 매우 간결한
모습이에요. 그다지 웅장하지도 않고,
단청 색깔도 화려하지 않아요. 종
묘가 나라의 제사를 지내는
신성한 곳인만큼 화려하기보
다 경건함을 표현하려고 했
기 때문이에요. 이 외대
문을 지나 종묘로 들
어가 봐요.

세종대왕도
이 우물의 물을
마셨을까?

어정
하마비 왼쪽에 있는 우물이에요. 왕이 종묘에 오고 가며 이 어정의 물을 길
어 마셨다고 해요. 하지만 왕만 사용했던 것은 아니고, 주위의 마을 사람들도
모두 이용했답니다.

🏵 **현판**
건물의 이름을 적은 판으로,
편액이라고도 해요.

홍살은 붉은 화살 모양의
나무를 나란히 세워 놓은 거예요.
그 중간에 태극 문양이
그려져 있지요. 홍살에는 경의를
표하라는 뜻이 담겨 있어요.

외대문
종묘의 정문인 외대문은 단정하고 검소해요. 단청도 빨강과 초록 두 가
지만 사용했어요. 앞면은 3칸, 옆면은 2칸 규모에 지붕은 맞배지붕이에
요. 문에는 판문이 달려 있고, 판문 위쪽에 홍살이 설치되어 있어요.

세계문화유산 종묘

외대문 안쪽으로 들어가면 맨 먼저 세계문화유산 푯돌이 보여요. 종묘는 1995년 12월에 세계문화유산으로 등재되었어요. 더불어 종묘에서 치러지는 종묘제례와 종묘제례악도 2001년 5월 유네스코 세계무형유산으로 등재되었지요.

종묘가 이렇게 세계문화유산으로 등재될 수 있었던 것은 유네스코의 세계문화유산 등재 기준인 '독특하거나 지극히 희귀하거나 또는 아주 오래된 유산'으로 평가되었기 때문이에요. 그렇다면 종묘의 어떤 점이 높게 평가된 것일까요? 이제부터 독특한 양식의 건축물인 종묘를 돌아보며 하나씩 알아보도록 해요. 그런데 종묘를 제대로 이해하기 위해서 우리가 꼭 알아야 할 한 가지가 있어요. 그것은 우리 민족의 전통문화인 효 사상이에요.

🌸 **등재**
어떤 내용이나 사항을 기록하여 올렸다는 뜻이에요.

세계문화유산 푯돌
1995년 유네스코의 세계문화유산으로 등재된 종묘는 이제 인류 전체가 함께 보호해야 할 소중한 문화유산이 되었어요.

종묘에서 친절한
답사 안내를 받고 싶다면,
시간에 맞춰
입구에서 기다려요.

외대문 안쪽의 표지판
종묘에 대한 소개와 전체 조감도가 한눈에 보여요.
지도를 보며 종묘 답사 계획을 세워 보세요.

백성과 나라를 위한 제사

종묘가 지닌 가장 중요한 의미는 살아 있는 왕이 돌아가신 왕을 위해 제사를 지내는 장소라는 점이에요. 그렇다면 제사란 무엇일까요? 제사의 '제'는 하늘에 대한 의식, '사'는 땅에 대한 의식을 말해요. 또 '제'는 신과 사람이 만나는 것이고, '사'는 땅에 묻힌 조상과 후손이 만나는 것을 뜻하기도 해요. 그러므로 제사란 결국 사람과 신이 결합하는 종교적인 의식이라고 풀이할 수 있어요.

고려나 조선 시대에 왕은 제사와 정치의 중심에 있었어요. 정치를 주관할 왕이 가져야 할 가장 중요한 덕목은 백성들을 위해 나라를 잘 다스리는 것이었어요.

🏵 **덕목**
충, 효, 인, 예, 의의 덕을 분류해서 가리키는 말이에요.

종묘
죽은 선대의 임금에게 제사를 지내던 사당이지요. 사직단과 더불어 나랏일을 상징하던 중요한 곳이에요.

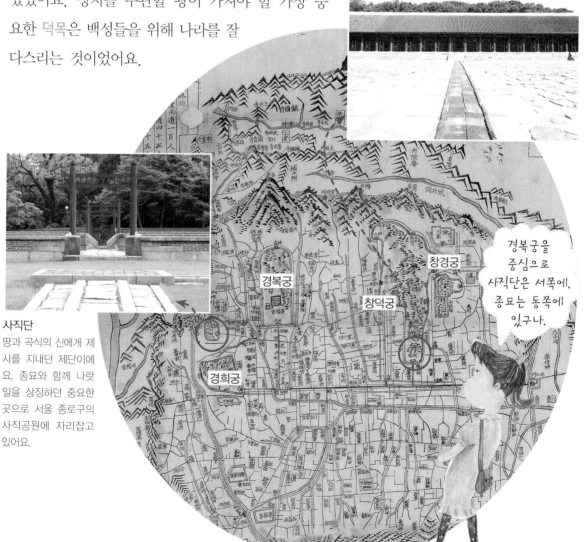

사직단
땅과 곡식의 신에게 제사를 지내던 제단이에요. 종묘와 함께 나랏일을 상징하던 중요한 곳으로 서울 종로구의 사직공원에 자리잡고 있어요.

경복궁을 중심으로 사직단은 서쪽에, 종묘는 동쪽에 있구나.

경복궁

창경궁

창덕궁

경희궁

수선전도
조선 후기에 김정호가 그렸다고 전해지는 서울의 지도이지요. 목판으로 찍은 수선전도를 보면 경복궁과 종묘, 사직단의 위치를 한눈에 알 수 있어요.

종묘제례
지금도 해마다 5월 첫째 일요일이면 종묘에서 제례를 지내고 있어요.

왕은 하늘과 조상을 공경하는 예를 먼저 갖춰야 한다고 생각했지요. 예의 근본 정신에 대해 설명해 놓은, 중국의 옛 책인 《예기》를 보면 "무릇 나라를 다스리는 자의 도는 예보다 더 급한 것이 없고, 예에는 제사보다 더 중요한 것은 없다."고 쓰여 있답니다. 예로 나라를 잘 다스리고, 그런 훌륭한 성품을 가진 왕이 치르는 제사야말로 백성들을 널리 이롭게 하는 일이었던 것이지요. 결국 제사는 왕이 나랏일을 바로 펼치기 위해 가장 먼저 해야 할 의무인 셈이에요.

여기서 잠깐!

제사를 지낼 때에는 어떤 마음?

여러분은 한번쯤 제사를 드린 적이 있을 거예요. 또는 명절 때 조상의 산소를 찾아간 적이 있겠지요. 그때 어떤 마음가짐이었나요? (   )

① 오랜만에 조상을 뵈었으니, 반갑고 들뜬 목소리로 인사를 해야지.
② 나와는 상관없이 이미 돌아가신 분이니 시큰둥한 마음으로 인사를 해야지.
③ 돌아가신 분을 생각하며 차분하고 경건한 마음으로 인사를 해야 하지 않을까?

☞ 정답은 56쪽에

조선의 역사를 고스란히 간직한 종묘

종묘의 중요성은 조선을 세운 이성계가 도읍지를 정할 때에도 그대로 드러나요. 유교의 전통을 중요하게 여기는 동양의 여러 나라들은 왕이 나라를 세울 때는 반드시 궁궐의 왼쪽(동쪽)에 종묘를 세우고 오른쪽(서쪽)에 사직을 지었어요. 종묘는 왕의 조상을 모신 사당이고, 사직은 땅과 중요하게 여긴 곡물의 신을 모신 제단이지요. 종묘와 사직을 이렇게 중요하게 여긴 것은 나라의 역사와 뿌리라고 여겼기 때문이에요.

조선을 세운 이성계는 조선 건국의 일등공신이었던 정도전을 비롯해 여러 신하들을 한양으로 보내 종묘와 사직, 궁궐, 도로 등의 터를 정하도록 했어요. 장소가 결정되자 이성계는 직접 한양으로 가 종묘와 사직, 경복궁을 세울 땅을 둘러보았지요. 그런데 도성과 경복궁에 대해서는 신하들이 알아서 하도록 믿고 맡겼지만, 종묘와 사직에 한해서는 공사 현장에 나가 수시로 상황을 살피고 관원과 일꾼들을 격려했답니다. 이렇게 왕이 직접 공사장에 행차한 것은 그만큼 종묘가 궁궐보다 국가적으로 중요했기 때문이지요.

이성계와 함께 조선을 세운 정도전은 "하늘의 명을 받아 왕은 나라를 세웠으면 꼭 종묘를 세워 조상을 받들어야 한다. 이것이 자신의 근본에 보답하는 마땅한 도리이다."라고 했대.

🏵 **일등공신**
나라를 위해 가장 특별한 공을 세운 신하를 말해요.

🏵 **축문**
제사 때에 조상에게 아뢰는 글이에요.

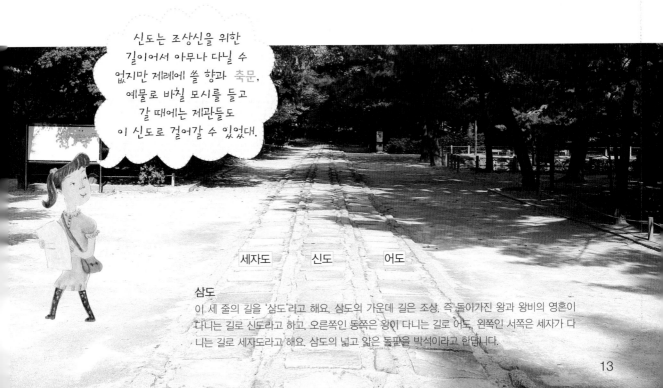

신도는 조상신을 위한 길이어서 아무나 다닐 수 없지만 제례에 쓸 향과 축문, 예물로 바칠 모시를 들고 갈 때에는 제관들도 이 신도로 걸어갈 수 있었대.

세자도　　신도　　어도

삼도
이 세 줄의 길을 '삼도'라고 해요. 삼도의 가운데 길은 조상, 즉 돌아가진 왕과 왕비의 영혼이 다니는 길로 신도라고 하고, 오른쪽인 동쪽은 왕이 다니는 길로 어도, 왼쪽인 서쪽은 세자가 다니는 길로 세자도라고 해요. 삼도의 넓고 얇은 돌판을 박석이라고 한답니다.

하늘과 땅의 조화, 중지당

자, 세계문화유산 푯돌이 있는 곳에서 오른쪽을 한번 볼까요? 연못이 하나 보이나요? 종묘에는 연못이 모두 세 개가 있어요. 외대문 안쪽에 하나가 있고, 정전으로 가는 길에 작은 연못이 하나 더 있어요. 그 중간에 있는 이 연못을 가운데 있다고 해서 '중지당'이라고 한답니다. 연못 모양을 자세히 살펴보아요. 가장자리는 네모지고, 안쪽에는 동그란 모양의 섬이 하나 있지요. 이 네모난 가장자리와 동그란 섬은 그냥 만들어 놓은 게 아니랍니다. 바로 하늘과 땅을 상징한 것이에요.

하늘은 둥글고 땅은 네모지다?

여러분은 '천원지방'이라는 말을 들어 본 적이 있나요? 천원지방은 '하늘은 동그랗고, 땅은 네모지다.'는 뜻이에요. 옛날 사람들은 세상을 그렇게 바라보았지요. 그래서 우리 조상들은 연못을 만들 때 주로 이런 모습으로 만들었어요. 우리가 유적지를 답사하는 것은 조상들이 남긴 이 의미를 찾아 되새겨 보는 일이지요.

중지당
연못의 가장자리는 네모지고, 그 안의 섬은 동그래요.

여기서 잠깐!

중지당의 나무를 살펴보기

연못 주변에는 주로 무슨 나무가 심어져 있나요? 이 나무는 제사를 드릴 때 사용하는 '향'을 상징하는 나무예요. 제사를 드릴 때 직접 잘라 사용하기도 했대요. (   )

① 소나무   ② 향나무   ③ 참나무

☞ 정답은 56쪽에

종묘를 바라보는 곳, 망묘루

중지당 바로 옆에 있는 팔작지붕 건물은 망묘루예요. '망묘루'는 사당을 바라보는 누각이라는 뜻이에요. 종묘에서 제사를 지내기 위해 온 왕은 이곳에 잠시 머물며, 축문을 쓰거나 마음을 깨끗하게 하며 밤을 지새기도 했어요. 그런데 망묘루가 왕이 잠시 머무는 장소로만 사용되었던 것은 아니에요. 망묘루는 종묘의 여러 가지 일을 맡아 보는 관청의 역할을 하기도 했어요. 정전을 늘려 지은 기록을 보관해 두는 자료실이나, 왕이 쓴 시를 걸어 두는 기록 보존소 등의 역할을 했지요. 왕은 제사에 참여하지 못할 경우에는 애타는 심정을 시로 읊기도 했답니다.

🏵️ 누각
사방을 바라볼 수 있도록 문과 벽이 없이 다락처럼 높게 만든 마루를 뜻해요.

종묘의 지붕 이야기

망묘루는 앞으로 우리가 보게 될 종묘의 여느 건물과 달리 지붕이 팔작지붕의 모습이에요. 이것은 왕이 머무는 공간에 대한 권위를 나

망묘루
누각에 서 있는 왕을 한번 상상해 보세요. 이곳에 선 왕은 종묘를 바라보며 무슨 생각을 했을까요?

나라를 잘 다스렸던 선왕을 생각하며 좋은 정치를 베풀어야겠다고 다짐했을까?

타내기 위해서이지요. 권위가 높은 궁궐이나 사찰의 건물에는 주로 팔작지붕을 얹었어요. 반면에 백성들의 집에는 우진각지붕을 많이 사용했고, 또 육각지붕은 정자를 지을 때 많이 사용했어요. 여러 가지 지붕 중 가장 단순한 것은 맞배지붕인데, 앞으로 우리가 만날 종묘의 건축물은 대부분 맞배지붕으로 되어 있어요.

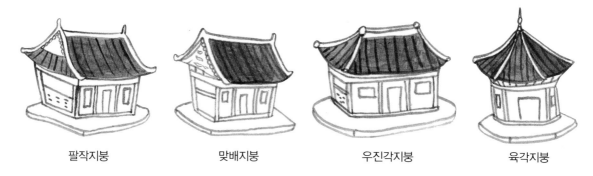

팔작지붕   맞배지붕   우진각지붕   육각지붕

그런데 종묘처럼 중요한 곳을 왜 단순한 맞배지붕으로 세웠을까요? 그런 데에는 두 가지 이유가 있어요. 하나는 정전에 가서 이야기하기로 하고, 다른 하나를 먼저 이야기할게요. 바로 돌아가신 분들의 공간이기 때문에 장식을 최소화시켜 최대한 경건한 느낌을 주기 위해서이지요. 단청을 화려하게 꾸미지 않는 것도 그 이유랍니다.

여기서
잠깐!

종묘의 단청과 궁궐의 단청을 살펴보아요.

궁궐의 단청은 여러 가지 색깔로 아주 화려하지만, 종묘의 단청은
(   )과 (   ) 두 가지만 칠해져 있어요.

종묘 망묘루의 단청

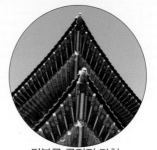

경복궁 근정전 단청

| 보기 | 붉은색, 황금색, 검은색, 흰색, 초록색, 파란색 |

☞ 정답은 56쪽에

종묘에 모셔진 공민왕 신당

공민왕 신당은 망묘루 동쪽에 있어요. 그곳에는 지금도 공민왕이 그린 것으로 전해지는 공민왕과 노국대장공주의 영정이 준마도와 함께 걸려 있어요. 이 신당은 종묘를 처음 지었을 때부터 함께 세웠답니다. 그런데 조선의 사당에 고려왕의 신당이라니, 좀 의아하죠?

전해지는 바에 의하면, 종묘를 세울 때 북쪽에서 회오리바람이 불어오더니, 어떤 물건이 종묘 마당에 떨어졌대요. 그것을 주워 보니 공민왕의 영정이었어요. 왕과 신하가 기이하게 여겨 의논한 끝에 그 영정을 봉안하기 위해 신당을 지었답니다. 실제로 그런 일이 있었는지는 알 수 없지만, 고려를 새롭게 다지려고 했던 공민왕의 뜻을 조선이 계승했음을 의미하는 이야기임을 알 수 있어요.

자, 이번에는 공민왕 신당 뒤편의 향대청으로 가 볼까요?

💠 계승
조상의 전통이나 업적 등을 물려받아 이어가는 것을 말해요.

고려의 공민왕

공민왕은 고려의 31대 왕이에요. 원나라의 간섭으로부터 벗어나기 위해 노력했던 인물이지요. 그런데 실제 살았던 인물인데 왜 이처럼 신으로 모셔 놓았을까요? 그것은 공민왕이 원나라를 물리치고 국경을 회복할 정도로 용맹했다는 점과, 왕으로서 신하에게 죽음을 당한 사실이 백성의 마음을 감동시킨 때문인 듯해요.

공민왕과 노국대장공주 영정
공민왕은 고려의 왕으로서 고려를 지배하던 중국 원나라로부터 벗어나기 위해 노력했어요.

공민왕 신당
지금의 건물은 당시에 지은 것이 아니라 임진왜란 이후 세운 것이지요. 매년 봄·가을로 종묘의 관리가 비공식으로 제사를 드렸고, 인근 주민들도 치성을 올렸어요.

준마도
공민왕은 글을 잘 쓰고 그림 그리기를 즐겼다고 해요.

제사의 예물을 보관하는 곳, 향대청

종묘제례 전시관

향대청에는 종묘제례 전시관이 있어요. 전시실과 영상실 이뤄져 있는데, 왕과 왕비의 신주를 모시는 의식인 부묘와 세계무형유산인 종묘제례를 자세히 소개하고 있답니다. 종묘의 정전에 가도 신실은 굳게 문이 닫혀있어 신실 내부를 들여다볼 수가 없어요. 전시실에서 신실의 내부를 확인할 수 있으니, 꼭 지나치지 말고 둘러보도록 해요.

🌸 헌관
종묘제례를 지내는 제관 중 왕, 왕세자, 영의정을 가리켜요.

🌸 혼백
넋을 뜻하는 말이에요.

집사청
입구로 들어 가면 향대청이 나와요. 종묘에 대해 자세히 알 수 있는 유물과 모형이 전시돼 있어요.

향대청은 종묘제례 때 조상을 모시기 위해 사르는 향, 제사의 뜻을 알리는 축문, 신에게 올리는 예물인 모시 등을 보관하는 장소예요. 이곳은 또한 헌관들이 제사를 앞두고 몸과 마음을 가다듬거나 잠시 휴식을 취하는 곳이기도 했어요. 동서쪽에 있는 월랑은 제사를 드릴 제관들이 머무는 곳이었어요.

제사를 지낼 때 가장 중요한 것이 향이에요. 우리 조상들은 사람이 죽으면 혼백이 흩어진다고 믿었어요. 이 때 혼은 하늘로 올라가고 백은 땅으로 내려간다고 생각했지요. 제사를 시작할 때는 반드시 조상의 혼백을 모셔 와야 하는데, 이 때 하늘로 올라간 혼을 부르기 위해 향을 피우지요. 향 냄새를 맡은 혼이 땅으로 내려왔다고 생각될 때, 술잔을 올리며 제사를 시작해요. 만약 향이 없다면 하늘에 있는 조상의 혼을 불러올 수 없지요. 이렇게 중요한 제물인 향과 조상에게 올리는 예물을 소중히 보관하기 위해 특별히 향대청을 지은 것이에요.

향로

종묘 이야기

우리나라의 종묘 역사는 멀리 삼국 시대까지 거슬러 올라가요. 《삼국사기》에 의하면 신라, 고구려, 백제에서도 모두 종묘라고 할 수 있는 시조묘를 세웠다는 기록이 나와요. 고려의 경우를 보면 건국 초기부터 종묘 제도를 갖추었고, 조선도 한양을 도읍지로 정하면서 바로 궁궐과 함께 종묘를 세웠어요.

오늘날 우리가 이렇게 오래된 종묘의 역사를 알 수 있는 것은, 모두 옛 기록 때문이에요. 특히 조선의 종묘와 영녕전에 관한 의례와 절차를 기록해 놓은 《종묘의궤》를 보면 종묘에 관련된 내용이 자세히 실려 있어요.

종묘제례 전시관
부모와 《종묘의궤》, 제사 때 사용하는 예물에 대한 설명이 전시되어 있어요. 종묘제례에 대한 영상물도 볼 수 있는 곳이랍니다.

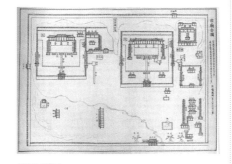

종묘 전도
《종묘의궤》에 있는 종묘 지도예요. 지금의 종묘와 견주어 볼 수 있는 중요한 기록이지요.

여기서
잠깐!

종묘 이야기를 들어보아요.

종묘제례를 소개하는 영상 자료를 보고 어떤 이야기가 나오는지 아래에 정리해 보세요.

_____

_____

_____

왕의 신주를 종묘에 모시기까지

　왕은 어떻게 종묘에 모셔질까요? 조선 시대의 국가의 의례를 상세히 기록한 《국조오례의》를 보면 국상, 즉 왕실의 장례 절차는 매우 까다롭고 복잡했어요.

　왕이 죽으면 내시가 지붕 위에 올라가 왕이 평소에 입던 곤룡포를 들고 북쪽을 향해 '복! 복! 복!'이라고 외쳐요. 이렇게 '복'을 세 번 외치면 흩어진 혼백이 다시 돌아온다고 믿었기 때문이지요. 그래도 왕이 살아날 기운이 없으면, 곤룡포로 시신을 덮고 국상 절차를 시작해요.

상위복

　왕이 죽은 뒤 3일째 되는 날 종묘와 사직에 왕의 죽음을 아뢰고 시신을 관에 넣어, 궁궐의 정전 서쪽편에 빈소(상여가 나갈 때까지 관을 놓아 두는 방)를 차려요. 승하한 왕의 뒤를 이어 세자가 왕위에 오르고, 매일 아침 저녁으로는 빈소에 상식을 올리지요.

　승하한 지 5개월 지나면 장사를 치르는데, 명당자리를 골라 왕릉을 만들고, 관을 묻고 흙을 덮어 능을 만들었어요. 그런 다음 왕의 신주를 혼전(왕이나 왕비의 신위를 모신 건물)에 모셔 둡니다.

　왕이 승하한 지 3년이 지나면 좋은 날을 택해 혼전에 모셔 두었던 신주를 종묘로 옮겨요. 이런 과정을 '부묘'라고 해요. 왕과 함께 왕비의 신주를 종묘에 모실 때에는 왕의 신주는 서쪽에, 왕비의 신주는 동쪽에 모셔요. 이로써 모든 국상의 절차가 끝나지요.

궁궐 안의 빈소 차리기

왕릉에 시신 묻기

종묘에 신주 모시기

국가의 제사 이야기

전시실에 가면 제사를 치르는 내용을 만날 수
있어요. 제상과 준상 모형과 신기한 모양의 제사
용 그릇인 제기를 전시해 놓았지요. 제기는 왕실
의 권위를 상징하기 위해 구리로 만들었고, 모양
이나 무늬도 제각기 뜻을 지니고 있어요. 그리고
계절이나 쓰임에 따라 다르게 사용되었지요.

전시실 내부
종묘제례의 절차를 보여주는 패널과 제사에 사용했던 제기를
꼼꼼히 살펴보아요.

백성과 나라의 안녕을 위해서 지낸 제사는 왕
의 지위와 권능에 따라 달랐어요. 중국은 스스
로 황제의 나라로 여겨 하늘에 대한 제사를 비
롯해서 땅에 대한 제사, 조상에 대한 제사 등 3가지 종류의 제사를
지냈어요. 우리처럼 왕의 나라로 여겨진 나라에서는 땅에 대한 제사
와 조상에 대한 제사의 두 가지 종류만 지냈어요. 그런데 우리 역사
속에서도 황제의 나라로 여기고 하늘에 제사를 지낸 때가 있었어요.
바로 고종이 대한제국을 선포하고 황제의 자리에 오른 시기이지요.

여기서
잠깐!

신기한 제례 제기를 찾아보세요.
종묘제례에 사용되는 제기는 평상시 왕이 쓰던 그릇과는 모습이 많이 달라요.
다음은 모두 종묘제례에 쓰이는 그릇이 아닌 것은 무엇일까요? (   )

① 　② 　③ 　④

☞ 정답은 56쪽에

종묘제례의 제상과 준상
종묘제례를 치를 때 차려 놓는 제상과 준상이에요.

고종 황제 이전의 모든 조선의 왕들이 하늘에 대한 제사를 지내지 않은 것은 조선 왕의 지위가 중국의 황제보다 낮다고 여겼기 때문이지요.

종묘에서 제례는 왕이 조상에 대해 올리는 제사예요. 하지만 때로는 가뭄이 심할 때 비가 내리기를 비는 **기우제** 장소가 되기도 했고, 죄인에 대한 사면령을 내릴 때나 나라의 큰일을 치를 때 조상 앞에 아뢰는 장소이기도 했어요.

이처럼 조선 시대의 종묘는 조상들에게 제사를 올리는 성스러운 곳이지만 나라에 근심이나 큰일이 생겼을 때 조상들에게 아뢰며 의논하고 보호와 복을 비는 장소가 되기도 했지요.

🏵 **기우제**
비가 오지 않을 때에 비 오기를 빌던 제사를 가리키지요.

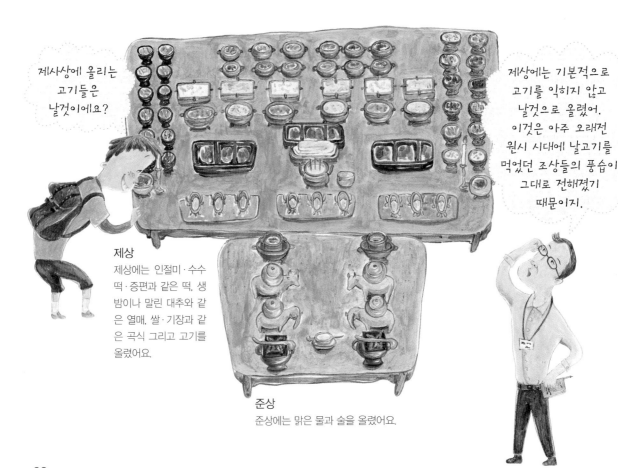

제사상에 올리는 고기들은 날것이에요?

제상에는 기본적으로 고기를 익히지 않고 날것으로 올렸어. 이것은 아주 오래전 원시 시대에 날고기를 먹었던 조상들의 풍습이 그대로 전해졌기 때문이지.

제상
제상에는 인절미·수수떡·증편과 같은 떡, 생밤이나 말린 대추와 같은 열매, 쌀·기장과 같은 곡식 그리고 고기를 올렸어요.

준상
준상에는 맑은 물과 술을 올렸어요.

왕과 세자의 제사 준비, 재궁

재궁은 종묘 정전 바로 동쪽에 있어요. 담으로 둘러싸여 있는 재궁의 북쪽에 있는 건물이 왕이 거처하는 어재실이고, 동쪽의 건물이 세자가 거처하는 세자재실이에요. 그리고 서쪽에 있는 건물은 왕이 목욕하는 어목욕청이에요. 재궁은 왕이 제례를 올리기 하루 전에 목욕으로 몸과 마음을 단정하게 하며 제사를 준비하는 곳이지요. 왕은 이곳에 머물며 식사는 간단히 하고, 죄를 다스리거나 상서롭지 못한 일은 일체 하지 않았다고 해요.

제사는 새벽 1시경에 지내기 시작했어요. 왕은 면복을 입고 제사가 시작되기 전 정전으로 향한답니다. 우리도 그 모습을 상상하며 서쪽 문으로 향해 볼까요?

면복
면복은 머리에 쓰는 면류관과 몸에 걸치는 장복을 함께 부르는 말이에요. 장복은 용, 꿩 등 아홉 가지의 무늬가 새겨져 있어요. 왕의 즉위식이나 결혼식 등 나라에 큰 행사가 있을 때 왕이 주로 입었던 예복이에요.

재궁(어숙실)
지금의 어숙실은 태조 4년에 정전과 함께 지었으나 임진왜란 중 불에 타 없어진 것을 광해군이 왕위에 오른 해(1608)에 다시 지었어요. 정전 동쪽에 자리하고 있기 때문에 정전의 규모가 커질 때마다 어숙실도 동쪽으로 옮겼어요.

드므
불귀신을 쫓기 위해 놓은 상징적인 그릇이에요. 소화기의 역할도 하지요.

제례를 준비하는 곳, 전사청

재궁을 나오면 바로 정전의 동문 앞이에요. 왕과 세자는 이 문을 통해 정전으로 들어가게 되지요. 이 동문 앞에는 두 개의 건물과 한 개의 우물이 있어요. 우물이 있다면 이곳은 무엇을 하던 곳일까요? 바로 종묘제례에 쓰일 음식을 준비하던 전사청이에요. 앞면 7칸, 옆면 2칸 건물로, 옆에 온돌과 마루방을 들여 전체적으로 'ㅁ'자형을 이루고 있어요. 종묘제례 때 전사관이 근무하면서 제사 준비에 소홀함이 없도록 점검하는 곳이기도 해요. 그 옆에 수복방은 종묘를 지키고 제사를 돕는 사람들이 머물던 곳이에요. 왼쪽에 정전으로 통하는 문이 따로 있지요? 정전의 동문은 왕만 다닐 수 있기 때문에 관리들이 다닐 수 있도록 따로 만든 문이에요.

전사청 앞에는 전돌로 된 넓은 단이 있어요. 찬막단이라고 하는 이 단은 제상에 올린 음식을 차려 놓고 검사하는 자리예요. 이곳에 음식을 펼쳐 놓고 제례 음식으로 부족함이 없는지를 꼼꼼히 살폈지요. 옆

종묘에는 여자들이 들어올 수 없었잖아요. 그러면 제사 음식도 남자들이 만들었나요?

종묘에 모든 관리나 행사는 남자들이 도맡아 했단다.

수복방 · 찬막단 · 전사청 · 성생위

을 보면 작은 단이 하나 더 있어요. 이것은 성생위라고 하는데, 제사에 쓰일 제물을 심사하기 위에 펼쳐 놓는 곳이랍니다. 여기서 심사를 거쳐 합격한 제물만 제상에 오르지요. 고기 같은 경우 상처가 있어서도 안 되고 깨끗해야 하거든요. 전사청 동쪽에는 제정이라는 우물이 있어요. 이름에서도 알 수 있듯이 제사에 필요한 물을 긷는 곳이지요.

제정
제사에 필요한 물을 길어 썼는데, 가뭄에도 물이 마르지 않았다고 해요.

자, 이제 정전으로 들어가는 동문 앞으로 가 볼까요? 동문 앞에는 두 개의 판이 있어요. 길 위에 있는 판위는 왕의 것이고, 오른쪽 길 아래에 있는 것은 세자의 판위예요. 재궁에서 나온 왕과 세자는 이곳에서 다시 한 번 제례를 위해 마음을 가다듬으면서 준비를 한답니다.

자, 이제 정전으로 들어가도록 해요.

들어가기 전에 판위에 앉아서 잠시 몸과 마음을 가다듬고 조상을 뵙기 위해 마음가짐을 바르게 하지.

왕의 판위

세자의 판위

정전의 동문
재궁에서 나온 왕은 이 동문을 통해 정전으로 들어가요.

세계무형유산 종묘제례

종묘제례
종묘제례는 나라에서 드리는 가장 큰 제사였어요. 나라와 백성, 왕실의 축복을 기원하는 종묘제례는 돌아가신 분께 드리는 제사이니만큼 예와 정성을 다했어요.

종묘에서 왕이 드리는 제사는 나라의 큰 행사였어요. 그 제사를 종묘제례라고 해요. 종묘에서는 크고 작은 제사들이 많았어요. 하지만 왕이 직접 지내는 종묘제례는 봄·여름·가을·겨울과 12월에 한 번씩, 일 년에 모두 다섯 번뿐이었지요. 종묘제례는 나라의 최고 행사이니만큼 엄격한 법도에 따라 진행되었어요. 온갖 정성과 예를 다했고, 음악과 춤을 함께 하여 장엄하게 치렀어요.

종묘제례는 엄격하고 경건하게 진행되는데, 우선 신을 맞이하기 위해 향을 세 번 피우고 한 잔의 술을 세 번에 나누어 땅에 부어, 하늘에 있는 조상신들의 혼백을 모시지요.

그런 다음 조상신을 위해 제상에 음식을 올리고 술을 올렸어요. 신이 즐길 수 있도록 말이에요. 땅에서 자란 먹을 거리를 바치는 것은 나라의 안녕과 풍년을 기원하는 뜻이에요.

제사를 준비해요.

신을 맞이해요.

신에게 음식을 올려요.

이제 신이 후손들을 축복하는 절차예요. 조상신이 들었던 술과 음식을 왕이 먹지요. 음식을 통해 조상신이 주는 복은 이 나라와 백성에게 내리는 복이에요.

종묘제례의 마지막 순서는 신을 보내는 절차예요. 종묘에 머물던 조상신은 제사에 사용된 흰 모시와 향을 태울 때 피어오르는 연기와 함께 떠나지요.

이제 최고의 격식과 정성으로 대접 받은 조상신들은 이 나라의 안녕과 번영을 보살펴 주게 될 거예요.

이 종묘제례는 1908년 국가 행사로는 폐지되었다가, 광복 후 1969년 다시 전주 이씨 대동종약원에 의해 제향되었어요. 그리고 1975년부터는 전통문화유산으로 되살아났지요.

종묘제례악

종묘제례는 모든 순서마다 음악과 노래가 함께했어요. 조상을 기리는 음악답게 매우 엄숙하고 경건한 느낌을 주지요. 제례악은 세종 때 만들었는데, 제사에 맞게 고쳐 지금의 모습을 갖추었어요.

신이 즐기도록 술을 올려요.

조상신이 들었던 술과 음식을 왕이 먹어요.

흰 모시와 축문을 태워 신을 보내요.

정전에서 영녕전까지
왕의 영혼이 머문 사당

  종묘의 정전은 세계 어디에서도 예를 찾을 수 없는 가장 독특한 건축물이에요. 종종 종묘를 그리스 아테네의 파르테논 신전과 비교해서 설명하는 글을 접할 때가 있어요. 그러나 종묘는 파르테논 신전과 성격은 물론이고 건축물의 구조나 형태면에서 결코 비교할 수 없는 건물이에요. 파르테논 신전의 경우는 그 안에 봉안된 것이 신의 상인 반면에 종묘에 모셔진 것은 실제로 이 세상에 살다가 간 왕과 왕비의 영혼을 담은 신주랍니다. 또한 파르테논 신전은 처음 세웠을 때의 크기가 그대로 유지되어 왔지만 종묘는 늘어나는 신주의 수에 따라 건물의 규모를 넓히거나 별도의 건물을 지은 특징을 가지고 있어요. 따라서 우리나라의 종묘는 서양의 신전 또는 그와 비슷한 건물과 비교될 수 없는 고유한 유적이라 할 수 있어요.

  자, 이제 정전으로 들어가서 함께 확인해 보아요.

불천위를 모신 곳, 정전

정전의 남문
남문은 정전의 문 중에서 가장 커요. 신이 드나드는 문이지요. 남문 안에서 정전을 바라보며 정전이 어떤 느낌인지 확인해 보아요.

🌸 **한 칸**
정전의 기둥과 기둥 사이를 헤아리는 단위예요.

정전은 종묘의 가장 핵심적인 건물이에요. 높은 기단 위에 세워진 정전은 앞면 19칸, 양 옆으로 각각 3칸의 크기로 되어 있어요. 조상신이 머무는 신전답게 붉고 둥근 기둥이 가지런하게 쭉 늘어서 있어요. 신주를 모시는 신실은 **한 칸** 규모로 나뉘어 있는데, 이것은 정전 건물이 신실 한 칸 한 칸이 모여 전체를 이루고 있는 건물임을 말해 주고 있답니다.

협실(제사에 쓰는 도구를 보관하는 작은 방)

어떤 왕의 신주를 정전에 모셨나요?

현종

태조　태종　세종　세조　성종　중종　선조　인조　효종

종묘 증축

태조(1395년)　　　　　　　　　　　　　명종(1546년)

광해군(1608년)
임진왜란 때에 불에 탄 것을 다시 세움.

정전
정전 지붕의 길이는 101미터로, 우리나라에서 가장 긴 나무로 만들었어요. 굳게 닫힌 신실의 문이며, 새까만 지붕과 푸르른 숲에 둘러싸인 정전은 고요하고 엄숙한 느낌이 들어요.

칸칸이 조금씩 늘어난 건물

　종묘의 정전은 원래 태조의 고조(목조)·증조(익조)·할아버지(도조)·아버지(환조) 등 태조의 4대 조상과 태조의 신주를 모시기 위해 지은 건물이에요. 이렇게 다섯 신주만을 모시는 공간이기 때문에 시간이 지나면서 승하한 왕이 늘어나자 신주를 모실 수 있는 여유 공간이 없었어요. 이런 상황에서 마침내 세종 1년(1419) 9월에 정종이 승하하자 정종의 신주를 모시기 위해 종묘 안에 별도의 건물을 다시 지어야 했지요. 새로 지은 건물을 영녕전이라고 부르고, 정전에 모셔져 있는 태조의 4대조 할아버지인 목조의 신주를 그곳에 옮겨 놓았어요.

태실(왕과 왕비의 신주를 모신 방)

월당(비나 눈이 오면 피하기 위해 만들어 놓은 행각)

공적이 뛰어난 왕은 정전에 신주를 두었지요. 정전에 그대로 두는 신주를 불천위라고 하는데, 절대 옮기지 않는 신주라는 뜻이랍니다.

| 숙종 | 영조 | 정조 | 순조 | 익종 | 헌종 | 철종 | 고종 | 순종 |

영조(1726년)　　　　헌종(1836년)

우와, 중간중간 벽돌 색깔이 다르네.

정전 건물 뒤쪽
동문 옆에서 정전 뒤로 가 보세요. 건물의 중간쯤을 보면 벽돌 색깔이 다른 게 눈에 띄어요. 정전이 증축된 흔적이랍니다.

🌸 **증축**
이미 지어져 있는 건축물에 덧붙여 더 늘리어 짓는 것을 말해요.

태조의 4대 조상의 신주를 모두 영녕전으로 옮겨 모셨지만 그래도 건물의 크기는 한정되어 있었어요. 게다가 세월이 갈수록 모셔야 할 신주의 수가 늘어나게 되면서 정전 신실이 더욱 부족했어요. 그래서 명종 때부터 정전을 증축하기에 이르렀어요. 그러다가 임진왜란 때 종묘는 불에 타고 말았지요. 임진왜란이 끝나고 나라가 안정되자 선조는 서둘러 종묘를 다시 지었어요. 흩어진 민심을 수습하려면 선왕의 혼을 모시는 일이 무엇보다도 중요했거든요. 그 뒤 광해군에 이르러서 종묘는 이전 모습을 되찾았어요. 그 이후에도 정전은 영조 때 4칸, 헌종 때 4칸이 추가되어 지금의 19칸 규모가 되었답니다.

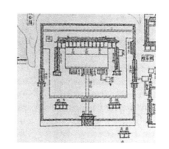

종묘 전도 중 정전 부분
현종 때의 종묘 지도를 보면 정전의 크기가 어떻게 달라졌는지 한눈에 짐작할 수 있답니다. 칸 수를 한번 세어 볼까요?

신하들의 넋을 위로하며, 공신당

정전의 정문 동쪽에 위치해 있는 건물은 공신
당이에요. 정전, 영녕전 다음으로 규모가 큰 건
물이지요. 공신은 국가나 왕실을 위해 공을 세
운 사람에게 주던 칭호, 또는 그 칭호를 받은 사
람을 뜻해요. 왕이 죽어서 신주를 종묘에 모신
뒤에는 생전에 그 왕에게 특별한 공로가 있는
신하의 신주도 같이 모셨어요. 이렇게 신주가 봉
안된 공신을 특별히 배향공신이라 불렀어요.

칠사당
공신당 옆에 있는 칠사당은 일곱 신의 신주를 모신 사당이에요.
칠사당에 모셔진 일곱 신은 왕실의 제례 과정에 관여하는 신들이
지요. 종묘제례를 지낼 때 칠사당의 신주에게도 제사를 지냈어요.

공을 세우고 죽은 뒤 신주가 종묘에 배향되
는 것은 신하들에게 있어서 큰 명예이자 가문
의 영광이었어요. 나라에서는 그 자손들에게도 여러 가지 특전을 베
풀었어요. 가령, 배향공신의 자손이 죄를 지었을 경우에는 죄를 감해
주었어요. 그런데 참 재미있는 것은 조선 건국의 일등공신인 정도전
은 이 공신당에 모셔지지 못했어요. 태종 이방원에게 죽임을 당했기
때문이지요. 종묘를 짓고, 건물의 이름까지 정해 현판을 달기도 해,
누구보다도 공이 큰 정도전의 신주가 이곳에 없다는 것은 역사의 아
이러니가 아닐 수 없지요.

배향공신
왕이 살았을 때 공로가 많아
종묘에 신주가 모셔진 신하를
말해요.

공신당
조선의 역대 공신들의 신주가 모셔져 있지요. 공신당 입구에는 어떤 인물들의 신주가 있는지
확인할 수 있어요. 여러분이 이미 알고 있는 낯익은 인물을 발견할 수도 있답니다.

웅장한 건축물, 정전

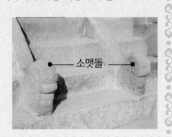

정전은 하늘의 공간

정전 건물의 동쪽에 딸린 익랑으로는 계단이 있어요. 이 계단은 정전의 동쪽문을 거쳐 들어온 왕과 왕세자가 정전에서 제례를 올리기 위해 제일 먼저 오르는 곳이에요. 그런데 계단 양쪽을 보면 소맷돌이에요. 이 소맷돌에는 뭉게구름이 조각되어 있어요. 이 구름 장식은 종묘 정전 월대에서만 볼 수 있지요. 구름이 조각되어 있는 계단을 오르는 것은 곧 구름 위 하늘로 오른다는 뜻이에요. 그 하늘 위에 선대 왕들의 신주가 모셔져 있는 것이지요. 이렇게 지나치기 쉬운 계단의 구름 조각 하나로 종묘 전체 공간의 성격이 어떤지 짐작할 수 있지요.

— 소맷돌

자, 이번에는 정전 건물을 꼼꼼히 살펴볼까요? 하월대의 중간쯤에 서서 정전을 올려다 보아요.

먼저 정전의 짜임새와 장식을 보면 굵고 둥근 기둥 위에는 다소 무거워 보이는 지붕이 올려져 있어요. 맞배지붕으로 지은 지붕의 용마루 양쪽에는 취두가 올려져 있고, 처마 마루에는 잡상이 장식되어 있어요. 취두는 이상하게 생긴 새의 머리 모양을 하고 있는데, 옆면에는 도깨비 얼굴이나 용의 모습이 새겨져 있지요. 그리고 잡상은 처마 마루에 일렬로 앉아 있는 작은 짐승 모양의 조각상을 말해요. 이 취두와 잡상은 정전을 지켜 주는 수호신 역할을 하지요.

앞에서 본 망묘루 지붕처럼 종묘의 건물들은 대부분 맞배지붕을 하고 있어요. 그런 데에는

아, 이곳에서 조선 시대 제사를 지냈군요.

정전 앞마당을 월대로 쌓은 것은 이곳이 돌아가신 분들이 계신 하늘이라는 걸 나타내기 위해서지.

취두 —
잡상

상월대

박석

구름계단 —

하월대

두 가지 이유가 있는데, 하나는 최대한 장식없이 간소화하려고 한 때문이고, 또 하나는 바로 증축 때문이랍니다. 맞배지붕은 다른 지붕에 비해 비교적 간단한 구조라 증축에 큰 어려움이 없거든요.

이제 정전 앞마당을 살펴보아요. 앞마당의 대부분은 높은 월대가 차지하고 있어요. 월대 위쪽은 얇고 넓은 돌이 깔려 있고, 곳곳에 차일을 칠 때 사용하는 쇠고리가 박혀 있는 것을 볼 수 있어요. 월대는 제례를 행할 때 음악을 연주하거나 춤을 추는 장소로 활용된답니다. 월대 가운데를 보면 남북으로 가로지르는 길이 놓여 있어요. 바로 신들이 오가도록 만들어 놓은 신도랍니다.

🐢 차일
햇빛을 가리기 위해 치는 포장을 말해요.

종묘제례
15세기에 정전에서 제사를 지내는 모습을 재현한 그림이에요. 종묘제례는 새벽 1시에 치러졌답니다.

여기서
잠깐!

종묘의 툇간 느낌을 써 보세요.
정전 동쪽 월랑 계단에 서서 정전을 바라보세요. 끝없이 이어지는 기둥들이 어떤 느낌을 주나요?

종묘에 모셔진 조선 왕의 신주

종묘에는 조선 왕의 신주가 모셔져 있어요. 정전에는 19명의 왕의 신주가, 영녕전에는 16명의 왕의 신주가 모셔져 있지요. 모두 35명의 왕의 신주가 있어요. 그런데 이상해요. 조선의 왕은 모두 27명인데, 어떻게 된 것일까요?

조선의 왕 중에는 살아 있을 때 재위*를 했던 왕도 있지만, 죽어서 왕위에 오른 사람도 있어요. 죽어서 왕위에 오르는 걸 추존이라고 하는데, 주로 왕의 할아버지나 아버지이지요. 조선 시대에 이렇게 추존된 왕은 모두 9명이에요. 그리고 왕은 아니었지만, 종묘에 모셔진 신주도 있어요. 바로 조선의 마지막 황태자인 의민 황태자이지요. 종묘에는 본래 왕과 왕비의 신주만 모시는데, 영녕전의 신실 하나가 비어 의민 황태자 부부의 신주를 이곳에 모신 거예요.

자, 다시 한 번 종묘에 모셔진 신주를 세어 볼까요? 조선의 27명의 왕과 추존된 9명의 왕, 그리고 의민황태자까지 합하면, 모두 37위*가 되네요. 하지만 종묘의 신주는 모두 35위예요. 여기에서 빠진 신주는 누구의 것일까요? 실제 엄연한 왕이었지만 종묘에 모셔지지 못한 두 명의 왕이 있어요. 바로 왕에 자리에서 쫓겨난 연산군과 광해군이지요.

흥미로운 것은 임진왜란 때 불에 탄 종묘를 다시 지은 광해군이에요. 정작 광해군 자신은 종묘에 모셔지지 못했으니 말이에요. 광해군은 임진왜란 후 전쟁으로 폐허가 된 조선을 수습하고 흩어진 백성의 마음을 달래기 위해 노력했어요. 또한 활발한 외교 활동을 벌였지만, 동생 영창 대군과 세자 자리를 놓고 다투게 되었지요. 그 과정에서 영창 대군을 죽였고, 그로 인해 영창 대군을 지지하는 세력에 의해 밀려나 폐위*되고 말았어요.

그래서 종묘에는 왕의 신주가 35위 모셔져 있답니다. 그리고 왕비의 신주는 48위, 이렇게 하여 모두 83위의 신위가 모셔져 있지요.

죽어서 왕이 되다, 추존

조선의 왕실에는 실제로 왕은 아니었으나 죽은 뒤에 왕으로 높여 모셔진 사람들이 있어요. 대표적인 경우가 바로 정조의 아버지 사도 세자이지요. 사도 세자가 세자 시절 억울한 죽음을 맞았다고 생각한 정조는 아버지의 넋을 위로하며 장조로 추존했어요. 영녕전에는 이렇게 왕의 칭호를 받은 추존왕들의 신주가 주로 모셔져 있지요.

---

*재위 : 왕의 자리에 있는 것을 말해요.
*위 : 돌아가신 분의 신주를 세는 단위예요.
*폐위 : 왕에 자리에서 쫓겨난 것을 말해요.

연산군과 광해군
연산군이나 광해군은 생전에 폭정을 일삼거나 나라에 큰 해를 끼쳤던 왕이라고 하여 묘호도 얻지도 못했어요. 당연히 종묘에 신주가 봉안되지도 못했어요.

종묘에 모셔진 35명의 왕
종묘에는 조선 태조의 4대조를 비롯해, 추존된 5명의 왕, 의민 황태자 등의 신주가 모셔져 있어요.

신주가 모셔진 내부, 신실

정전 신실은 평상시에는 굳게 문이 닫혀 있어요. 하지만 여러분은 이미 향대청의 전시실에서 신실의 내부를 확인해 보았어요. 신주를 모시는 신실을 건물 내에 배치하는 데에는 일정한 법칙이 있어요. 서쪽으로 갈수록 더 오래된 신주를 모시고, 동쪽으로 갈수록 덜 오래된 신주를 모신다는 것이에요. 현재 정전에 모셔진 신주의 배치 상태를 보면 조선을 세운 태조의 신주가 모셔진 곳이 서쪽 맨 끝 신

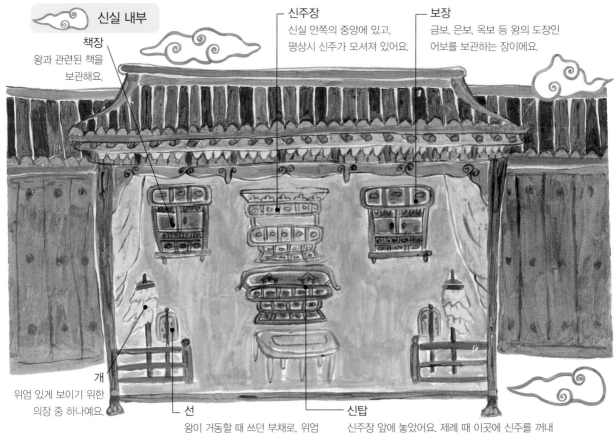

신실 내부

책장
왕과 관련된 책을 보관해요.

신주장
신실 안쪽의 중앙에 있고, 평상시 신주가 모셔져 있어요.

보장
금보, 은보, 옥보 등 왕의 도장인 어보를 보관하는 장이에요.

개
위엄 있게 보이기 위한 의장 중 하나예요.

선
왕이 거동할 때 쓰던 부채로, 위엄 있게 보이기 위한 의장이에요.

신탑
신주장 앞에 놓았어요. 제례 때 이곳에 신주를 꺼내 놓았는데. 신주가 바로 서 있도록 궤가 있지요.

실이고, 순종의 신주가 봉안된 곳이 동쪽 맨 끝 신실이에요. 이러한 법칙은 서쪽을 높은 위치로 생각하는 전통적인 생각에서 비롯된 것이지요. 이 법칙은 집안의 제사상에도 적용돼요. 예컨대 제상에 밥을 올릴 때 서쪽에 할아버지의 밥, 동쪽에 할머니의 밥을 놓는 것이랍니다.

신실 안의 모습
신실에 한 분의 왕과 그의 왕비의 신주를 모시지요. 서쪽이 왕, 동쪽이 왕비예요. 살아 있을 때는 동쪽에 높은 사람이 위치하지만 죽어서는 그 반대랍니다.

신주를 모신 각 공간을 구름 궁궐이라고 해서 '운궁'으로 불렀어요. 이름에 걸맞게 신주 위쪽에는 구름무늬를 조각한 장식판이 아치 모양으로 걸려 있지요. 왕이 살아 있었다면 어좌 위 높은 곳에는 쌍룡이 노닐고 있었을 거예요. 하지만 혼백이 흩어져 하늘과 땅으로 돌아간 다음이니 하늘의 구름이 신주를 감싸고 있는 것이랍니다.

여기서 잠깐!

정전의 판문이 틀어진 이유는?

정전의 신실 문을 잘 살펴보아요. 문이 대부분 조금씩 틀어져 있어요. 잘못 지어서 그런 것일까요? 아래 친구들의 의견을 듣고 내 생각을 정리해 보아요.

: 혹시 신실에 깃든 영혼이 자유롭게 드나들 수 있도록 한 건 아닐까?

: 문을 꽉 닫으면 환기가 되지 않잖아. 공기가 통하도록 만든 건 아닐까?

☞ 정답은 56쪽에

궁궐과 종묘는 어떻게 다를까요?

궁궐은 산 사람들의 공간이고, 종묘는 죽은 사람들의 공간이라는 데 가장 큰 차이가 있어요.

궁궐은 왕과 신하가 나랏일을 함께 의논하거나 정책을 펴는 곳이고, 왕과 왕비를 비롯한 수많은 궁인들이 생활하는 곳이기도 해요. 그래서 정사를 돌볼 때 사용하는 건물인 근정전과 같은 건물이 있고, 강녕전과 같은 왕의 침전이 있으며, 궁녀나 내시들이 거처하는 건물들이 있지요.

경복궁 근정전
근정전은 화려한 단청에 팔작지붕으로 왕의 권위를 한껏 돋보이도록 세운 건물이에요. 궁궐의 건물들은 늘 사용하는 건물답게 생활에 편리하게 만들어졌지요.

반면, 종묘는 나라의 수호신이 된 조상에게 제사를 드리는 곳이기 때문에 신주를 모시는 정전이나 영녕전과 같은 건물이 중심을 이루게 돼요.

종묘
종묘의 정전은 죽은 사람을 위한 공간으로 최대한 장식을 자제하여 경건한 느낌이 나도록 세운 건물이지요. 건물 안을 되도록 어둡게 만들어 돌아가신 분의 영혼이 편히 쉴 수 있도록 꾸몄어요.

궁궐과 종묘 간의 또 다른 차이점은 궁궐에 있는 건물들은 일 년 내내 사용되지만 종묘의 건물들은 종묘제례가 행해질 경우에만 활용된다는 거예요. 조선 시대에는 종묘 정전에서 1년에 다섯 차례의 제례가 치러졌는데, 이 때가 되어서야 비로소 평소에 고즈넉했던 종묘가 사람들로 붐비게 된답니다.

제례악을 준비하는 곳, 악공청

정전 남서쪽에는 악공청이 있어요. 앞면 6칸, 옆면 2칸의 맞배지붕으로 소박하고 간결한 모습을 갖추었지요. 종묘제례에는 팔일무라는 춤과 함께 음악을 연주하는데, 춤추는 사람이 64명, 악기를 연주하는 사람이 무려 108명이나 되었답니다. 이곳은 그들이 제례악을 연주하기에 앞서 잠시 머물거나 휴식하는 장소로 이용되었어요. 종묘제례를 치를 때 음악을 연주하는 것은 예와 악으로 백성을 다스린다는 예치주의 정신을 바탕으로 하고 있답니다.

영녕전 악공청
정전 악공청에 비해 규모가 작아요. 이것은 영녕전 제례의 형태도 정전에 비해 간소했음을 의미해요.

예치주의는 예악으로써 백성을 다스리고, 질서를 바로잡는 것을 말해요.

정전 악공청
음악을 연주하고 춤을 출 악공들이 준비하며 기다리는 곳이에요. 종묘제례 때에는 노래하고 악기를 연주하는 악공들이 모두 108명이나 필요했어요. 그 많은 사람들이 이곳에서 머무르며 제례악을 준비했지요.

왕의 사후 이름, 묘호

묘호란 임금이 승하한 뒤 종묘에 신주를 모실 때 죽은 왕에게 붙이는 이름를 말해요. 업적이 뛰어난 왕이 승하하면 세 가지의 이름을 붙였어요. 왕의 업적을 찬양하기 위해 올리는 호칭인 존호, 왕이 죽었을 때 그의 일생을 평가하고 공덕을 기리기 위해 짓는 호칭인 시호, 왕의 삼년상이 끝나고 신주가 종묘에 들어가면 종묘에서 그 신주를 부르는 호칭인 묘호를 가리키지요.

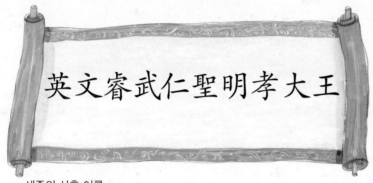

세종의 사후 이름
세종의 예를 보면, 존호는 영문예무인성명효대왕(英文睿武仁聖明孝大王), 시호는 장헌(莊憲), 묘호는 세종(世宗)이지요.

태조, 세조, 또는 정종, 세종 등에서 보듯이 묘호에는 '조'와 '종'의 두 가지 종류가 있어요.

그렇다면 '조'와 '종'은 어떻게 다를까요?

중국의 옛 책 중 하나인 《예기》에서는 "공이 있는 자는 '조'가 되고, 덕이 있는 자는 '종'이 된다."고 했어요. 그러나 조선 시대의 경우에는 대체로 건국 시조나 일시 중단된 역사를 다시 되살린 왕에게는 '조'가 붙여졌고, 왕위를 정통으로 계승한 왕에게는 '종'이 붙여졌어요.

조선 건국의 공이 큰 태조, 반정을 통해 왕위에 오른 인조, 임진왜란을 치른 선조의 묘호가 '조'이고, 덕으로써 나라를 다스린 세종의 묘호가 '종'인 것은 이 원칙을 따른 것이지요. 고려 시대 이전이나 중국의 각 왕조의 경우에는 한두 명을 제외한 대부분의 왕이 '종'의 묘호를 가지고 있어요. 그러나 조선 시대에는 '조'의 묘호를 가진 왕들이 특별히 많지요.

사실 '조'와 '종'은 그 격에 큰 차이가 없어요. 그런데도 조선 시대 '조'가 붙은 묘호가 많은 것은 '조'가 나라를 세우고 나라를 중흥시킨 공적이 큰 왕에게 붙여졌던 관례를 통해 은연중에 '조'를 '종'보다 더 위대한 왕으로 여겼기 때문이지요.

종묘의 별묘, 영녕전

자, 이제 우리가 갈 곳은 영녕전이에요. 정종이 승하하자, 정전의 신실이 부족해졌어요. 그래서 세종은 중국 송나라의 예를 따라 정전 서쪽에 별도의 건물을 세우고 영녕전이라고 했지요. 영녕전이란 조상과 자손이 영원히 평안하라는 뜻이지요.

영녕전이 처음 세워졌을 때의 규모는 태실 4칸에 동서로 협실 각각 1칸씩으로 되어 있었어요. 문이나 담 등의 규모는 정전과 같았고요. 그런데 영녕전도 임진왜란 때 정전과 함께 불타 버렸지요. 이 때 영녕전에 모셔져 있던 신주는 정전의 신주와 함께 개성을 거쳐 평양 영숭전에 옮겨졌다가 다시 의주로 옮겨졌어요. 그리고 임진왜란 후 한양으로 되돌아 왔지만 영녕전이 불타 버렸으니 신주를 모실 곳이 없었어요. 이에 선조는 영녕전을 다시 세웠어요.

영녕전 동문
정전의 동문 앞처럼 왕의 판위, 세자의 판위, 찬막단이 있어요. 원래는 이렇게 좁지 않았는데, 영녕전이 증축되면서 점점 좁아졌어요.

이런 영녕전이 현종 때부터는 규모가 커지기 시작했어요. 동서 협실의 좌우 끝에 각각 1칸씩 늘어나 태실 4칸, 좌우 협실 각각 4칸으로 모두 12칸 건물이 되었어요. 또 1836년에 증축되어 태실 4칸, 좌우 협실 각 6칸으로 모두 16칸 건물이 되었는데, 이 규모가 현재 우리가 보는 영녕전이에요. 이렇듯 건물의 크기는 계속 커졌는데, 그 때마다 전체를 새로 지은 것이 아니라 일부는 헐어 새로 짓고 일부는 새로 더하는 특이한 방법을 사용했어요.

영녕전 남문 안쪽에는 장대석을 2벌로 쌓아 나지막한 월대를 높게 쌓고, 그 한복판에 신도를 두었어요. 신도의 끝에는 다시 월대를 쌓

장대석
섬돌 계단이나 축대를 쌓을 때 쓰는, 길게 다듬어 만든 돌을 말해요.

영녕전
동쪽으로만 증축된 정전과 달리 영녕전은 솟아 있는 가운데 칸을 중심으로 동서로 증축되었어요.
정전에 비해 단출하지만 경건한 느낌은 정전 못지않아요.

태실을 중심으로 좌우로 증축되었군요.

영녕전도 정전과 마찬가지로 문이 틀어져 있네요.

정종 문종 단종 덕종 예종 인종 목조

아 제관들이 건물 앞에서 제례 절차를 진행할 자리를 마련했지요. 영녕전은 정전과 마찬가지로 둥근 초석을 놓고 그 위에 둥근 기둥을 세웠어요. 제사를 드리는 일종의 신전 건축물이라는 목적에 맞게 건물의 형태가 전체적으로 간결하고도 장중한 느낌을 주고 있지요.

이제 서쪽에 있는 영녕전의 서문으로 가 볼까요? 서문 옆에 보이는 굴뚝 같은 모양의 요대는 제사의 마지막 절차를 치르는 곳이랍니다.

영녕전 요대
제사의 마지막 절차을 치르는 곳이에요. 제사에 쓴 축문과 예물로 올린 모시를 불에 태우는 의식을 치렀지요.

종묘를 병풍처럼 둘러싼 숲

영녕전의 서문을 나왔다면 이번에는 길을 따라 영녕전 뒤편의 숲길로 가 보아요. 조금만 가면 창경궁으로 향하는 출입구와 숲길로 나뉘는데, 창경궁을 답사할 게 아니라면 꼭 이 숲길을 따라 산책해 보세요. 영녕전과 정전의 뒤편으로 이어져 있는 이 숲길의 끝에는 전사청이 있지요.

종묘는 높이 20~30미터에 이르는 숲에 둘러싸여 있어요. 울창한 숲길을 거닐며 주위를 한번 살펴보세요. 숲에 사는 박새나 다람쥐, 청설모를 볼 수 있을지도 모른답니다. 종묘의 숲은 600년 세월을 흐르면서 많이 달라졌어요. 처음에는 소나무와 잣나무가 가득했지요. 조선왕조실록을 보면, 종묘의 소나무가 화재로 불에 탔고, 광풍으로 쓰러졌다는 기록이 나온답니다. 그러나 시간이 흘러 종묘의 숲은 변화를 거듭했어요. 지금은 잘 자란 갈참나무와 잣나무로 가득하지요. 때죽나무와 팥배나무도 층층이 숲을 이루며 종묘를 호위하고 있어요.

정전 남문에서 바라본 숲

창경궁으로 가는 길 주변

그런데 이곳에는 꽃나무가 드물어요. 궁궐의 후원은 왕과 왕비를 위해 화려한 꽃을 피우는 나무로 가득 장식해 놓았지만, 종묘의 숲은 돌아가신 분들을 위해 만든 공간이어서 장식을 하지 않았기 때문이에요.

종묘 주변은 많은 차들과 사람들로 혼잡하고 부산스럽지요. 조선 시대에도 그랬답니다. 종로에는 육의전이 있었어요. 이 육의전은 조선 경제의 중심으로, 나라에서 관리하던 커다란 시장이었어요. 그래서 전국 각지에서 몰려 온 행상과 장사꾼들로 늘 붐볐지요. 이런 주변 분위기와는 달리 종묘는 예나 지금이나 이 가산에 둘러싸여 조용하고 성스러운 분위기를 지키고 있어요.

그런 분위기를 느끼며 천천히 종묘를 산책해 보세요.

종묘의 숲은 신림

종묘는 고요하고 엄숙한 기운이 가득한 곳이어야 해요. 이렇게 종묘를 더욱 깊고 아늑한 공간으로 만들어 주는 것은 종묘를 둘러싼 숲이지요. 종묘의 이런 기운이 밖으로 나가지 못하도록 종묘의 남쪽을 흙으로 두 번 쌓았다는 기록도 있어요. 이렇게 신비스러운 분위기로 이곳을 꾸민 것은 종묘가 조상들의 영혼이 깃든 성스러운 공간이기 때문이지요. 우리 조상들은 예부터 신성한 곳은 숲으로 두르고 보호했답니다. 경주의 계림이나 왕릉 주변을 싸고 있는 숲이 그런 예이지요. 이런 성스러운 숲을 신이 깃든 숲이라고 여겨 '신림'이라고도 해요.

영녕전 뒤 숲길

여기서 잠깐!

나무 이름 적기

종묘 숲을 거닐다 보면 나무 옆에 적어 놓은 나무 이름을 볼 수 있어요. 아래에 종묘에서 찾은 나무의 이름을 적어 보세요.

종묘는 왜 소중한 문화유산일까?

종묘가 세계문화유산으로 등록될 수 있었던 이유는 중요한 문화, 사회, 예술적 특징을 고루 갖춘 수준 높은 건물로 평가되었기 때문이지요. 우리가 답사한 종묘의 가장 핵심적인 건물은 정전과 영녕전인데, 옆으로 긴 독특한 모습의 건물이지요. 이런 모습을 갖추게 된 것은 말할 것도 없이 조선 500년 동안 시간의 흐름에 따라 늘어난 왕의 신주를 모셔 놓기 위해 거듭 늘려 지었기 때문이에요.

보통은 건물의 공간이 좁다고 생각되면 그 옆에 그와 비슷한 새 건물을 따로 지어 공간 문제를 해결하지요. 그런데 정전과 영녕전은 아주 독특한 방법으로 좁은 공간 문제를 해결했어요. 기존의 건물 옆에 칸수를 늘려 붙이는 방법인데, 이와 같은 일은 세계 어떤 건물에서도 찾아보기 어려운 독창적인 건축 방법이에요. 이런 특징을 가진 종묘를 보고 세계의 건축가들은 몹시 놀라고 감탄했답니다.

정전이나 영녕전이 독특한 건축 구조라는 점만을 인정 받아 종묘가 세계문화유산으로 등재될 수 있었던 것은 아니에요. 선대의 왕을 추모하며 제사를 지내는 종묘는 조상을 숭배하는 전통문화의 현장이고, 아직도 이곳에서 600년 가까이 이어져 내려온 제례가 치러지고 있지요. 이런 점 또한 세계문화유산으로 등재되는 데 큰 영향을 미쳤어요.

옛 왕조의 왕과 왕비를 위한 제례를 올리는 사례는 오늘날의 세계 어느 나라에서도 찾아보기 어렵답니다. 더구나 83명에 이르는 왕과 왕비의 신주를, 그것도 한 분도 빠짐없이 사당에 모셔 놓고, 600년 가까이 제례를 치르는 전통을 가진 나라는 오직 우리나라밖에 없어요. 이처럼 유교적 전통이 살아 숨 쉬고 있는 우리나라의 종묘는 인류 문화의 관점에서 바라볼 때도 보호해야 할 높은 문화적 가지를 지니고 있는 곳이지요.

이제는 세계가 아끼고 주목하는 종묘와 종묘제례 문화를 가진 것에 대해 우리들은 자부심을 가지고 소중히 가꾸는 데 힘써야 하겠지요.

종묘 주변 돌아보기

종묘에서 조선의 역사와 왕에 대해 보고 들은 이야기는 재미있었나요? 그렇다면 종묘에서 배운 지식에 도움이 될 수 있는 또 다른 유적지와 박물관에 가 보도록 해요. 그곳에서 더 많은 왕의 이야기와 종묘에 관한 내용을 배울 수 있거든요. 그렇다면 어떤 곳이 있는지 함께 찾아가 볼까요?

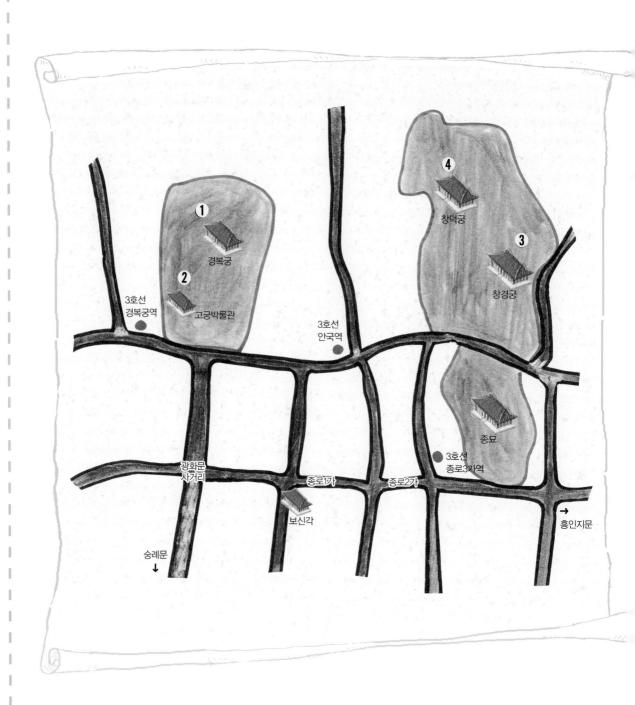

❶ 경복궁

이성계가 조선을 세우면서 종묘, 사직단과 함께 세운 궁궐이에요. 임진왜란 때 불에 타 폐허가 되었지만, 조선 후기에 흥선 대원군이 다시 세웠어요. 경복궁을 답사해 보면, 살아 있는 왕을 위한 공간과 승하한 왕을 위한 공간이 어떻게 다른지 한눈에 견주어 볼 수 있지요.

홈페이지 : www.royalpalace.go.kr

❷ 국립고궁박물관

경복궁 안에 있는 옛 국립중앙박물관 자리에 위치하고 있어요. 흩어진 궁중 유물을 한눈에 모아 전시하고 있지요. 가장 수준 높은 문화를 자랑하는 궁중 문화와 더불어 고궁박물관에는 종묘와 종묘제례에 대해 자세히 전시된 '국가의례실'이 있으니, 꼭 둘러보기 바라요.

홈페이지 : www.gogung.go.kr

❸ 창경궁

종묘와 통해 있는 창경궁은 종묘 관람권으로도 무료로 돌아볼 수 있는 유적지예요. 조선 시대에는 종묘와 창경궁, 창덕궁이 모두 한 울타리에 있었지만, 종묘와 두 궁궐 사이에 도로를 만들면서 나뉘었어요. 창경궁은 왕실 웃어른들을 위한 궁궐이지만, 조선의 재미있는 역사 이야기가 가득한 곳이니 종묘에 간다면 창경궁도 답사해 보아요.

홈페이지 : cgg.cha.go.kr

❹ 창덕궁

종묘와 더불어 세계문화유산으로 등재된 창덕궁은 태종이 왕위에 오른 뒤 이궁으로 쓰기 위해 세운 궁궐이에요. 임진왜란 때 불에 탔는데, 광해군이 종묘와 더불어 다시 지었어요. 아름다운 후원과 궁궐 건물들이 비교적 온전하게 남아 있어 조선 궁궐의 분위기를 잘 느낄 수 있는 곳이지요.

홈페이지 : www.cdg.go.kr

나는 종묘 박사!

종묘를 모두 둘러보았나요? 그럼, 종묘에서 무엇을 보고 알게 되었는지 한번 정리해 보아요. 다음 문제를 풀어 보며 종묘에서 만난 우리 조상들의 이야기를 다시 되새겨 보도록 해요.

❶ 이곳은 어디일까요?

다음은 종묘의 건축물이에요. 각각에 대한 설명을 읽고, 건축물의 이름이 무엇인지 써 보세요.

(   )

(   )

(   )

(   )

왕이 종묘제례 때 잠시 머문 곳으로, 종묘의 여러 가지 일을 맡아 보는 관청의 역할도 했어요.

제사를 드리기 전에 왕이 몸과 마음을 단정히 하고 제사를 준비하는 곳이에요.

종묘에서 가장 중요한 건물이지요. 왕의 신주가 모셔져 있어요.

동쪽으로 증축된 정전과는 달리, 중심에서 동서 양쪽으로 증축되었어요.

❷ 어디에 모셔져 있을까요?

정전에는 각 칸마다 조선 왕의 신주가 모셔져 있어요. 여러분이 가장 존경하는 조선 시대 왕의 신주가 모셔진 칸을 찾아보아요. 그리고 세종과 정조의 신주는 어느 칸에 모셔져 있는지, 설명을 읽고 찾아보아요.

(1) 세종 : 조선의 네 번째 왕이었어요. 그런데 큰아버지 정종이 영녕전으로 모셔져 태종과 더불어 한 칸씩 서쪽으로 옮겨 갔지요. (   )

(2) 정조 : 할아버지인 영조에 이어 왕위에 올랐어요. 그래서 영조의 바로 옆 칸에 신주가 모셔져 있지요. 영조는 11번째 칸에 모셔진 숙종의 아들이에요. (   )

❸ O나 X로 답해 보세요.

아래는 종묘에 대한 설명이에요. 자세히 읽고 종묘에 대한 설명이 맞으면 O표, 틀리면 X표를 해 보세요.

1) 종묘는 조선이 세워진 뒤 나라가 안정 되자, 세종 때 세운 역대 왕의 사당이다. (　　)

2) 종묘는 사직단과 더불어 조선의 나랏일을 상징하는 중요한 장소였다. (　　)

3) 왕릉이 왕의 무덤이라면, 종묘는 왕의 제사를 지내는 사당이다. (　　)

4) 종묘는 조선 시대 돌아가신 왕들의 신주를 모신 곳이다. (　　)

5) 종묘는 죽은 사람들의 공간이라서 경복궁의 서쪽, 즉 해가 저무는 곳에 세웠다. (　　)

6) 종묘에는 폐위된 왕인 광해군과 연산군의 신주가 모셔져 있지 않다. (　　)

❹ 이야기해 보세요.

종묘는 600여 년 된 소중한 우리 문화유산이지요. 세계문화유산으로 등재되면서 이제는 인류 모두가 함께 지켜야 할 중요한 문화유산이 되었어요. 그런데 아직 많은 사람들은 종묘에 대해 잘 알지 못해요. 어떻게 하면 더 많은 사람들과 외국인들에게 종묘를 널리 알릴 수 있을까요? 종묘를 홍보할 수 있는 방법을 이야기해 보세요.

☞ 정답은 56쪽에

홍보 포스터 만들기

종묘를 잘 답사했나요?
그러나 아직도 많은 친구들이 종묘에 대해 잘 모른다고 해요. 종묘를 답사한 여러분이
친구들에게 종묘를 소개해 보는 것은 어떨까요?
우리 함께 종묘를 알리는 멋진 홍보 포스터를 만들어 보아요.

1. 포스터란 무엇일까요?

여러분은 포스터를 자주 보았지요? 불조심 포스터, 영화 홍보 포스터, 선거 포스터 등 우
리가 길에서 흔히 보는 홍보나 광고 중 하나가 포스터예요. 그런데 포스터란 무엇일까요?
바로 광고나 홍보를 위한 알림 그림이에요. 어떤 내용을 상징적인 그림이나 사진, 간단한
글귀로 나타내어 많은 사람들에게 알리는 수단이지요. 포스터라는 외래어 대신 광고지
또는 알림 그림이라고도 해요.

2. 내용을 정해요

포스터를 만들 때 가장 중요한 것은 내용이에요. 포스터는 자신이 전하고자 하는 바를 사진
과 그림, 짧은 글귀로 표시하여 홍보하지요. 되도록 간결하고 짧지만, 누구나 공감할 수 있는
내용으로 표현해야 해요. 한눈에 그 내용을 파악할 수 있도록 말이에요. 포스터에 너무 많은
내용을 넣으려 하면 눈에 잘 띄지 않아요. 그러므로 단순하면서도 강한 느낌을 줄 수 있도록
포스터를 만들어요. 그래야 광고나 홍보 효과가 충분히 드러나겠지요.

3. 도구를 정해요

직접 손으로 그려 볼까요? 아니면 컴퓨터를 이용해 볼까요? 어떤 방법으로 해도 상관없어
요. 하지만 깨끗하고 정성껏 만들어요. 여러분이 만들려고 하는 포스터는 종묘를 홍보하는
포스터이므로 직접 그리기보다는 종묘에 답사를 갔을 때 찍은 사진을 활용해 보면 어떨까
요? 종묘를 상징하는 사진을 현상하거나 프린터로 출력해서 예쁘게 꾸며 보세요.

1. 사진

누가 봐도 종묘라는 사실을 한눈에 알 수 있는 사진을 넣어요. 그렇다면 종묘를 상징하는 정전 사진이 가장 좋겠지요. 한 장만 넣기가 아쉽다면 종묘의 사진 중 여러 개를 작게 넣어 보세요. 다양한 사진을 보며 종묘에 가고 싶어지도록 말이에요. 사진은 되도록 여러분이 찍어 온 사진을 활용해요.

2. 그림

사진만 나열하면 좀 밋밋해 보이겠지요? 이때에는 여러분의 느낌을 담은 예쁜 그림을 그려 넣어요. 정성도 느껴지고, 사진과 어우러져 더욱 예쁜 포스터가 되지요.

3. 내용

여러분은 종묘 하면 무엇이 떠오르나요? 조선의 역사? 왕의 사당? 조상의 얼이 깃든 곳? 다양하게 떠오르는 생각 중에 하나를 골라 문장으로 만들어 써 넣어요. 이때 내용도 종묘를 상징하는 것으로 간결하게 정리해 넣어요.

4. 완성된 포스터

포스터가 완성되었다면, 교실이나 복도에 붙여 친구들에게 널리 종묘를 홍보하도록 해요.

정답

나는 종묘 박사!

❶ 이곳은 어디일까요?

다음은 종묘의 건축물이에요. 각각에 대한 설명을 읽고, 건축물의 이름이 무엇인지 써 보세요.

(망묘루)　　(어숙실)　　(정전)　　(영녕전)

왕이 종묘제례 때 잠시 머문 곳으로, 종묘의 여러 가지 일을 맡아 보는 관청의 역할도 했어요.

제사를 드리기 전에 왕이 몸과 마음을 단정히 하고 제사를 준비하는 곳이에요.

종묘에서 가장 중요한 건물이지요. 왕의 신주가 모셔져 있어요.

동쪽으로 증축된 정전과는 달리, 중심에서 동서 양쪽으로 증축되었어요.

❷ 어디에 모셔져 있을까요?

정전에는 각 칸마다 조선 왕의 신주가 모셔져 있어요. 여러분이 가장 존경하는 조선의 왕의 신주가 모셔진 칸을 찾아보아요. 그리고 세종과 정조의 신주는 어느 칸에 모셔져 있는지 설명을 읽고 함께 찾아 보아요.

(1) 세종 : 조선의 네 번째 왕이었어요. 그런데 큰아버지 정종이 영녕전으로 모셔져 태종과 더불어 한 칸 씩 서쪽으로 옮겨 갔지요. (③)

(2) 정조 : 할아버지인 영조를 뒤이어 왕에 올랐어요. 그래서 영조의 바로 옆 칸에 신주가 모셔져 있지요. 영조는 11번째 칸에 모셔진 숙종의 아들이에요. (⑬)

❸ O나 X로 답해 보세요.

아래는 종묘에 대한 설명이에요. 자세히 읽고 종묘에 대한 설명이 맞으면 O, 틀리면 X를 해 보세요.

1) 종묘는 조선이 세워진 뒤 나라가 안정 되자, 세종 때 세운 역대 왕의 사당이다. (X)

2) 종묘는 사직단과 더불어 조선의 나랏일을 상징하는 중요한 장소였다. (O)

3) 왕릉이 왕의 무덤이라면, 종묘는 왕의 제사를 지내는 사당이다. (O)

4) 종묘는 조선 시대 돌아가신 왕들의 신주를 모신 곳이다. (O)

5) 종묘는 죽은 사람들의 공간이라서 경복궁의 서쪽, 즉 해가 저무는 곳에 세웠다. (X)

6) 종묘에는 폐위된 왕인 광해군과 연산군의 신주가 모셔져 있지 않다. (O)

사진 및 그림

주니어김영사(윤형구 촬영) 3p(정전 전경) 8–9p(하마비, 어정, 외대문) 10p(종묘입구, 풋돌) 11p(사직단, 종묘) 12–13p(종묘제례 패널, 삼도) 14–15p(중지당, 망묘루) 16–17p(망묘루 단청, 공민왕 신당) 18p(집사청) 23p(재궁) 24–25p(전사청, 제정, 정전의 동문) 26–27p(종묘제례 사진 모두) 30–31p(정전의 남문, 정전) 32–33p(정전 건물 뒤쪽, 칠사당, 공신당) 34p(정전) 35p(정전의 기둥) 39p(정전의 신실 문) 40p(종묘) 41p(영녕전 악공청, 정전 악공청) 43p(영녕전 동문) 44–45p(영녕전, 요대) 46–47p(종묘 숲 사진 모두) 51p(경복궁, 창경궁, 창덕궁)

서울역사박물관 11p(수선전도)

서울대학교 규장각 한국학 연구원 19p(종묘 전도)

국립고궁박물관 21p(여기서 잠깐 유물 모두)

김원미 16–17p(경복궁 단청, 준마도, 공민왕과 노국대장공주 영정) 19p(종묘제례 전시관) 21p(전시실 내부) 22p(제상과 준상) 34p(소맷돌) 40p(경복궁 근정전) 51p(국립고궁박물관)

사계절출판사 23p(면복) 35p(종묘제례)

종묘관리사무소 39p(신실 내부)

초등학교 교과서와 관련된 학년별 현장 체험학습 추천 장소

1학년 1학기 (21곳)	1학년 2학기 (18곳)	2학년 1학기 (21곳)	2학년 2학기 (25곳)	3학년 1학기 (31곳)	3학년 2학기 (37곳)
철도박물관	농촌 체험	소방서와 경찰서	소방서와 경찰서	경희대자연사박물관	IT월드(과천정보나라)
소방서와 경찰서	광릉	서울대공원 동물원	서울대공원 동물원	광릉수목원	강원도
시민안전체험관	홍릉 산림과학관	농촌 체험	강릉단오제	국립민속박물관	경희대자연사박물관
천마산	소방서와 경찰서	천마산	천마산	국립서울과학관	광릉수목원
서울대공원 동물원	월드컵공원	남산골 한옥마을	월드컵공원	국립중앙박물관	국립경주박물관
농촌 체험	시민안전체험관	한국민속촌	남산골 한옥마을	기상청	국립고궁박물관
코엑스 아쿠아리움	서울대공원 동물원	국립서울과학관	한국민속촌	서대문자연사박물관	국립국악박물관
선유도공원	우포늪	서울숲	농촌 체험	선유도공원	국립부여박물관
양재천	철새	갯벌	서울숲	시장 체험	국립서울과학관
한강	코엑스 아쿠아리움	양재천	양재천	신문박물관	남산
에버랜드	짚풀생활사박물관	동굴	선유도공원	경상북도	남산골 한옥마을
서울숲	국악박물관	고성 공룡박물관	불국사와 석굴암	양재천	롯데월드 민속박물관
갯벌	천문대	코엑스 아쿠아리움	국립중앙박물관	경기도	국립민속박물관
고성 공룡박물관	자연생태박물관	옹기민속박물관	국립민속박물관	이화여대자연사박물관	삼성어린이박물관
서대문자연사박물관	세종문화회관	기상청	전쟁기념관	전쟁기념관	서대문자연사박물관
옹기민속박물관	예술의 전당	시장 체험	판소리	천마산	선유도공원
어린이 교통공원	어린이대공원	에버랜드	DMZ	한강	소방서와 경찰서
어린이 도서관	서울놀이마당	경복궁	시장 체험	화폐금융박물관	시민안전체험관
서울대공원		강릉단오제	광릉	호림박물관	경상북도
남산자연공원		몽촌역사관	홍릉 산림과학관	홍릉 산림과학관	월드컵공원
삼성어린이박물관		국립현대미술관	국립현충원	우포늪	육군사관학교
			국립4·19묘지	소나무 극장	해군사관학교
			지구촌민속박물관	예지원	공군사관학교
			우정박물관	자운서원	철도박물관
			한국통신박물관	서울타워	이화여대자연사박물관
				국립중앙과학관	제주도
				엑스포과학공원	천마산
				올림픽공원	천문대
				전라남도	태백석탄박물관
				경상남도	판소리박물관
				허준박물관	한국민속촌
					임진각
					오두산 통일전망대
					한국천문연구원
					종이미술박물관
					짚풀생활사박물관
					토탈야외미술관

4학년 1학기 (34곳)	4학년 2학기 (56곳)	5학년 1학기 (35곳)	5학년 2학기 (51곳)	6학년 1학기 (36곳)	6학년 2학기 (39곳)
강화도	IT월드(과천정보나라)	갯벌	IT월드(과천정보나라)	경기도박물관	IT월드(과천정보나라)
갯벌	강화도	광릉수목원	강원도	경복궁	KBS 방송국
경희대자연사박물관	경기도박물관	국립민속박물관	경기도박물관	덕수궁과 정동	경기도박물관
광릉수목원	경복궁 / 경상북도	국립중앙박물관	경복궁	경상북도	경복궁
국립서울과학관	경주역사유적지구	기상청	덕수궁과 정동	고성 공룡박물관	경희대자연사박물관
기상청	경희대자연사박물관	남산골 한옥마을	경상북도	국립민속박물관	광릉수목원
농촌 체험	고창, 화순, 강화 고인돌유적	농업박물관	경희대자연사박물관	국립서울과학관	국립민속박물관
서대문자연사박물관	전라북도	농촌 체험	고인쇄박물관	국립중앙박물관	국립중앙박물관
서대문형무소역사관	고성 공룡박물관	서울국립과학관	충청도	농업박물관	국회의사당
서울역사박물관	충청도	서울대공원 동물원	광릉수목원	롯데월드 민속박물관	기상청
소방서와 경찰서	국립경주박물관	서울숲	국립공주박물관	몽촌토성과 풍납토성	남산
수원화성	국립민속박물관	서울시청	국립경주박물관	민주화현장	남산골 한옥마을
시장 체험	국립부여박물관	서울역사박물관	국립고궁박물관	백범기념관	대법원
경상북도	국립서울과학관	시민안전체험관	국립민속박물관	서대문자연사박물관	대학로
양재천	국립중앙박물관	경상북도	국립서울과학관	서대문형무소 역사관	민주화 현장
옹기민속박물관	국립국악박물관 / 남산	양재천	국립중앙박물관	서울역사박물관	백범기념관
월드컵공원	남산골 한옥마을	강원도	남산골 한옥마을	조선의 왕릉	아인스월드
철도박물관	농업박물관 / 대법원	월드컵공원	농업박물관	성균관	서대문자연사박물관
이화여대자연사박물관	대학로	유명산	롯데월드 민속박물관	시민안전체험관	국립서울과학관
천마산	롯데월드 민속박물관	제주도	충청도	경상북도	서울숲
천문대	몽촌토성과 풍납토성	짚풀생활사박물관	서대문자연사박물관	암사동 선사주거지	신문박물관
철새	불국사와 석굴암	천마산	성균관	운현궁과 인사동	양재천
홍릉 산림과학관	서대문자연사박물관	한강	세종대왕기념관	전쟁기념관	월드컵공원
화폐금융박물관	서울대공원 동물원	한국민속촌	수원화성	천문대	육군사관학교
선유도공원	서울숲	호림박물관	시민안전체험관	철새	이화여대자연사박물관
독립공원	서울역사박물관	홍릉 산림과학관	시장 체험 / 신문박물관	청계천	중남미박물관
탑골공원	조선의 왕릉	하회마을	경기도	짚풀생활사박물관	짚풀생활사박물관
신문박물관	세종대왕기념관	대법원	강원도	태백석탄박물관	창덕궁
서울시의회	수원화성	김치박물관	경상북도	해인사 고려대장경과 장경판전	천문대
선거관리위원회	승정원 일기 / 양재천	난지하수처리사업소	옹기민속박물관	호림박물관	우포늪
소양댐	옹기민속박물관	농촌, 어촌, 산촌 마을	운현궁과 인사동	유니세프 한국위원회	판소리박물관
서남하수처리사업소	월드컵공원	들꽃수목원	육군사관학교	무령왕릉	한강
중랑구재활용센터	육군사관학교	정보나라	이화여대자연사박물관	현충사	홍릉 산림과학관
중랑하수처리사업소	철도박물관	드림랜드	전라북도	덕포진교육박물관	화폐금융박물관
	이화여대자연사박물관	국립극장	전쟁박물관	서울대학교 의학박물관	훈민정음
	조선왕조실록 / 종묘		창경궁 / 천마산	상수허브랜드	상수도연구소
	종묘제례		천문대		한국자원공사
	창경궁 / 창덕궁		태백석탄박물관		동대문소방서
	천문대 / 청계천		한강		중앙119구조대
	태백석탄박물관		한국민속촌		
	판소리 / 한강		해인사 고려대장경과 장경판전		
	한국민속촌		화폐금융박물관		
	해인사 고려대장경과 장경판전		중남미문화원		
	호림박물관		첨성대		
	화폐금융박물관		절두산순교성지		
	훈민정음		천도교 중앙대교당		
	온양민속박물관		한국에너지기술연구원		
	아인스월드		한국자수박물관		
			초전섬유퀼트박물관		

숙제를 돕는 사진

정전

외대문

망묘루

중지당

영녕전

신실 안의 모습

종묘제례

삼도

세계문화유산 푯돌

제례 제기

종묘제례악